王浩瑜 著

# 跟我学朗读

*Gen Wo Xue*
*Langdu*

上海教育出版社
SHANGHAI EDUCATIONAL
PUBLISHING HOUSE

# 序言

　　不经意间，我们已经进入全民阅读时代，各种朗读活动也如雨后春笋般广泛开展起来。一些大学已经开设了朗读课，广大中小学更是把朗读作为教学的一项重要内容，社会上各种朗读活动、比赛方兴未艾。朗读的春天到来了。

　　然而，究竟怎样进行朗读，怎样才能朗读得好，恐怕是所有朗读者最关心的，也是最想知道和掌握的。叶圣陶先生曾指出："有很多地区，小学里读语文课本还是一字一拍的，这根本不成语言了。中学里也往往不注意读，随口念一遍，就算是读了，发音不讲究，语调不揣摩，更不要说表出逻辑关系，传出神情意态了。"我国朗读学奠基人张颂也提出："必须研究把文字语言转化为有声语言的规律，从而具体解决朗读过程中的各种基本问题。"

　　这一切都明白无误地告诉我们：朗读，绝不是见字读音的直觉过程，而是一个有着复杂的心理、生理变化的驾驭语言的过程。若再把朗读当作不学而能的雕虫小技，那将会使我们的语言文化建设走上歧路。

　　朗读是一座殿堂，艺术的高雅和华贵仰首可见，经典的厚重和深邃引人入胜，需要精深的艺术造诣、语言功力和朗读技巧。但这功力、技巧不是一蹴而就的。学习和运用技巧要经过两个阶段：第一个阶段就是在对文本进行整体艺术把握的前提下，刻意雕琢的阶段；第二个阶段就是返璞归真的阶段。在技巧运用达到一定水平时，便超越刻意，进入无意，不再考虑技巧，却又技巧无处不在，那便是大巧若拙。"不工者，工之极也。"艺术之所以是艺术，正因为它不是自然，而是自然美，为此我们要刻苦地学习和训练，以百倍的努力去攀登炉火纯青的朗读艺术高峰，使我们的朗读及听者之耳，达听者之心。

继《跟我说普通话》之后，我结合自己三十多年的朗读和学习教学实践，历经两年的酷暑寒冬，写下了这部《跟我学朗读》，力争为大家提供一个更好的方法学朗读，希望广大教师、学生和朗读爱好者都能从中受益。

就在本书初稿完成之时，教育部、国家语委印发了《中华经典诵读工程实施方案》的通知。通知要求，要以诵读等文化实践活动为主要形式，以广大青少年、教师、家长和中华文化爱好者为基本对象，充分发挥语言文字在传承发展中华优秀文化中的重要作用，为青少年的美好人生打下鲜明的中国底色，为增强人民群众的文化自信提供有力支撑。通知还明确提出，要加强中华传统经典诵读教材、读本等基础资源建设，便于社会大众尤其是青少年知道"读什么""怎么读"；要注重发挥播音员、主持人等的示范引领作用，激发社会大众学习中华经典的热情和参与经典诵读活动的积极性。

当前，我国正处于文化大发展、大繁荣的关口，大政方针已经明确，各项工作也在井然有序地落实着。在这极其重要的机遇期，《中华经典诵读工程实施方案》的出台恰逢其时。

语言，绝非简单的工具，亦非现成的载体。她是"思想的直接现实"，她就是精神，她就是文化！

要想朗读、诵读好经典，语言必须有美感。长期以来，我们对语言的规范性给予了很大的关注，却在很大程度上忽略了语言的美感，以至于认为呼吸控制、吐字归音、逻辑链条、形象真切、表达明晰、气韵生动等都可有可无了。

要想朗读、诵读好经典，首先要做到"意美"和"情美"。"意美"是基础，内容要健康向上，要摒弃低俗粗语；语意不清、语音不准、语法不通、修辞矫饰，应该竭力避免。"情美"是根本，感情要诚挚真切，要戒除虚假做作；言不由衷、心不在焉、装腔作势、敷衍塞责，应该坚决抛弃。

要想朗读、诵读好经典，还要做到"音美"。我们的普通话简洁、深刻、丰富、灵动，在文字上表现为"言简意赅"和"辞约意丰"，在声音上则表现为"字正腔圆"和"气韵生动"。

我国的文化宝库取之不尽，用之不竭。浩如烟海的古籍经典，汗牛充栋的诗词歌赋，只能通过拣选窥探沧海一粟，只能通过感悟体会个中三味。为此，必须从幼儿开始熏陶，让"余音绕梁"沁入童心；必须从识字开始培养，让"文如其人"扎根灵魂。

朗读、诵读，是有规律可循的。简单地说，就是：理解是基础，目的是统帅，感受是关键；感情要运动，声音要变化，状态要自如。

对于优秀的朗读、诵读来说，朗读者和听者之间应该达成"心有灵犀一点通"，如入"耕者忘其锄"的境界。

新的时代开启了有声语言审美的广阔前景，提供了有声语言文

3

化的无限风采。沿着这条道路前行,我们将传承中华民族的文化精髓,弘扬中华民族的浩然正气,融入"为天地立心,为生民立命,为往圣继绝学,为万世开太平"的伟大洪流之中,自豪地去迎接民族复兴时代的到来!

　　最后,请允许我借本书的出版,向已故的中国朗读学的奠基人张颂老师致以崇高的敬意!

王浩瑜

2018 年 10 月 8 日

# 目录

1

# 朗读概说

朗读不是今天才有的,在古代的时候,人们就十分重视朗读。我国宋代大理学家朱熹就非常注重朗读。他说:凡读书,须要读得字字响亮,不可误一字,不可牵强暗记,而且要"逐句玩味""反复精详""诵之宜舒缓不迫,字字分明"。元朝文化大家贡奎在其《雪晴》诗中曾写道:"闭门谢尘鞅,展卷自朗读。"

# 第一节　什么是朗读

很多人可能都有过朗读的经历,但并非每个人都能说清楚何谓朗读。所谓朗读,其实就是指把我们看到的书面上的文字转化成我们可以倾听的有声语言的活动。朗,是指声音的朗润、响亮;读,就是读书、念文章。朗读,还可以叫诵读。

朗读作为一门语言艺术,早已从生活语言中脱颖而出了。不能简单地认为,嘴皮利落、发音准确、普通话标准,就等于掌握了朗读的本领。朗读,由文字语言转化而来,但并不是简单地见字发声。朗读过程中,蕴含着把握文字语言、驾驭有声语言的深厚功力。

# 第二节　应该怎样朗读

一个好的朗读者首先应该具备对所要朗读作品的深刻理解能力、深刻分析能力和深刻感受能力。对朗读作品不理解或理解不深,文字作品就不可能化入朗读者的内心;对朗读作品的中心思想、深刻含义看不透或把握不准,朗读时内心就会缺乏定力,声音就会飘忽不定,变得没有中心、没有重点、过于随意;对朗读作品感受不充分,感情没有完全调动起来,心灵没有积极活动起来,朗读就会失去应有的色彩和感人的力量。所以,朗读者对朗读作品的认知、理解、感受与体验是朗读好一部作品的基础,也可以说是前提和条件。

在对朗读作品进行深刻的理解和体验后,究竟怎样进行朗读,怎样才能朗读得好,恐怕是所有朗读者最关心的,也是最想知道和掌握的。斯坦尼斯拉夫斯基在《演员自我修养》中曾写道:"不能把内心中美妙地感觉到的东西正确地再现出来,这是很痛苦的。一个想用令人厌恶的咿呀声向他所爱的女人表达自己情感的哑巴,是能体会到这种不称心的感觉的。一个用走调的或损坏了的乐器来演奏的钢琴家,当他听到他内心的美妙情感如何被歪曲了的时候,也会体验到同样的心情。"我国朗读学奠基人张颂在《朗读学》中提出:"必须研究把文字语言转化为有声语言的规律,从而具体解决朗读过程中的各种基本问题。"叶圣陶先生曾指出:"有很多地区,小学里读语文课本还是一字一拍的,这根本不成语言了。中学里也往往不注意读,随口念一遍,就算是读了,发音不讲究,语调不揣摩,更不要说表出逻辑关系,传出神情意态了。"

这一切都明白无误地告诉我们:朗读,绝不是见字读音的直觉过程,而是一个有着复杂的心理、生理变化的驾驭语言的过程。如果我们认识到朗读是一门学问,是一种语言艺术,那么技巧对于朗读来说就有着极其重要的作用。不掌握朗读的技巧,就不知该怎样朗读,也不可能朗读得好。朗读者必须在尊重朗读作品的前提下,掌握朗读的技巧和方法,改善自己的声音、气息、吐字和语言表现力,在停连、

3

重音、语气、节奏、语调等方面进行艺术处理,从而实现"二度"创作。

　　通过实践经验以及多年对朗读规律和本质的探究,我们可以确信,对朗读作品的理解和感悟过程,也可以称为心理体验过程。它和发声朗读的有声语言表达过程密不可分,两者具有不可分割的有机统一性。在实现"二度"创作时,一种过程会激发和制约另一种过程。只有把这两个过程完美地结合起来,才可能朗读得好,才可能准确、鲜明、生动地体现出原作的基本精神,表达出原作的独特风貌。

# 第二章

# 朗读的备稿

正如同老师讲课前需要备课，演员登上舞台前需要理解、分析台词，朗读者在朗读之前也需要对朗读作品作认真细致的理解分析准备。我们常把对朗读作品的理解分析过程称为准备稿件，简称备稿。备稿是我们每一次朗读作品时的第一个环节，是朗读创作活动的开始。

## 第一节　朗读的广义备稿

从传播学的角度看，朗读者是稿件和受众之间的中介，他既是稿件文字语言的接受者，又是将稿件转化为声音的朗读语言的发出者。稿件中的内涵和精神实质通过朗读者有声语言的创作活动传达给受众。在朗读中，朗读者必须透过无声的文字，理解稿件中的事，感受稿件中的情，领悟稿件中的理，与作者的思想感情取得"同步震荡"，产生强烈的朗读愿望，这就需要朗读者具备广博的知识和相应的艺术修养。

一般来说，一个好的朗读者应该具备较好的文学修养。只有具备了较好的文学修养，朗读者在朗读文学作品时，才能充分认识和把握作品的题材、体裁、语言、结构和作家的世界观、创作方法、创作特色。朗读者还需具备一定的逻辑思维能力。只有具备了一定的逻辑思维能力，朗读者才能理顺和搞清楚稿件中的事件和人物关系，才能使每一概念的确定、每一判断的形成、每一推理过程的进行都服从思维的规律，都合乎逻辑定律的要求。而当我们深入到文字作品的内部，即作品的精神世界和作者的灵魂世界中时，心理学就会担负起自己的职责。此外,戏剧、音乐、美学等方面的修养与储备也会提高朗读者的理解力、感悟力和表现力,同时赋予朗读者以情美、意美、音美的巨大能量。可以这么说,朗读者的各方面修养就是具体备稿的基础。朗读者的修养不是一朝一夕练成的,需要在实践中不断地学习和积累,这些就是我们所说的广义备稿。

## 第二节　朗读的狭义备稿

我们习惯把具体稿件的准备过程叫做狭义备稿。在备稿过程中,阅读和思考是反复进行的。思考,包括对稿件的深入理解、感受体验,也包括对表达技巧的构思设计。在我上大学时,中国播音和朗读界的老师与前辈们就总结出了一套行之有效的具体备稿方法,这就是备稿六步。

备稿六步,有其步骤意义,也有其内容意义。对于朗读初学者来说,为了熟练掌握朗读的基本程序,为了使备稿的基本功更扎实,最好按照这六步的逻辑顺序来分析稿件、消化稿件。备稿六步环环相扣,主要包括:第一步,划分层次;第二步,概括主题;第三步,了解背景;第四步,明确目的;第五步,分清主次;第六步,把握基调。

下面,我就和大家分享一下备稿六步的具体方法。

第一步,划分层次。

先不说朗读水平的高低,能把文章朗读清楚了是对每一位朗读者的最基本的要求。一般来说,稿件的自然段通常是篇章的最小组成部分。为了能把文章朗读得清楚明白,我们需要以自然段为起点,

7

对稿件进行层次的划分。而划分层次之前首先要学会归并。

归并，就是指要着眼于文章的全篇，使每一个自然段由分到合，把内在联系比较紧密的自然段归并为一个个层次（也可称部分），然后对层次与层次间的关系进行划分。这样，朗读者才可掌握作者的文脉思路和文章的结构。这里需要强调的是，层次的归并与划分全由内容意义上的松紧关系而定。

当我们朗读以叙事为主的稿件时，可以根据时间顺序、空间位置的变化，按照情节的发展、矛盾展开的不同阶段来归并层次。如果朗读的是以议论为主的稿件，就应该以"提出问题，分析问题，解决问题"的逻辑关系来归并。公告、文件的朗读，通常按导语、主体、背景、结尾的结构来归并。

我们朗读的文章以散文居多，下面就以茅盾先生的《白杨礼赞》为例，看看层次究竟是怎样归并和划分的。

## 白 杨 礼 赞

白杨树实在不是平凡的，我赞美白杨树！

汽车在望不到边际的高原上奔驰，扑入你的视野的，是黄绿错综的一条大毡子。黄的是土，未开垦的处女土，几十万年前由伟大的自然力堆积成功的黄土高原的外壳；绿的呢，是人类劳力战胜自然的成果，是麦田。和风吹送，翻起了一轮一轮的绿波——这时你会真心佩服昔人所造的两个字"麦浪"，若不是妙手偶得，便确是经过锤炼的语言的精华。黄与绿主宰着，无边无垠，坦荡如砥，这时如果不是宛若并肩的远山

8

的连峰提醒了你(这些山峰凭你的肉眼来判断,就知道是在你脚底下的),你会忘记了汽车是在高原上行驶。这时你涌起来的感想也许是"雄壮",也许是"伟大",诸如此类的形容词;然而同时你的眼睛也许觉得有些倦怠,你对当前的"雄壮"或"伟大"闭了眼,而另一种的味儿在你的心头潜滋暗长了——"单调"。可不是? 单调,有一点儿吧?

然而刹那间,要是你猛抬眼看见了前面远远有一排——不,或者甚至只是三五株,一株,傲然地耸立,像哨兵似的树木的话,那你的恹恹欲睡的情绪又将如何? 我那时是惊奇地叫了一声的。

那就是白杨树,西北极普通的一种树,然而实在不是平凡的一种树。

那是力争上游的一种树,笔直的干,笔直的枝。它的干呢,通常是丈把高,像是加以人工似的,一丈以内绝无旁枝。它所有的丫枝呢,一律向上,而且紧紧靠拢,也像是加以人工似的,成为一束,绝无横斜逸出。它的宽大的叶子也是片片向上,几乎没有斜生的,更不用说倒垂了;它的皮,光滑而有银色的晕圈,微微泛出淡青色。这是虽在北方的风雪的压迫下却保持着倔强挺立的一种树。哪怕只有碗来粗细罢,它却努力地向上发展,高到丈许,两丈,参天耸立,不折不挠,对抗着西北风。

这就是白杨树,西北极普通的一种树,然而决不是平凡的树!

它没有婆娑的姿态,没有屈曲盘旋的虬枝,也许你要说它不美丽,——如果美是专指"婆娑"或"横斜逸出"之类而言,那么白杨树算不得树中的好女子;但是它却是伟岸,正直,朴质,严肃,也不缺乏温和,更不用提它的坚强不屈与挺拔,它是树中的伟丈夫! 当你在积雪

9

初融的高原上走过，看见平坦的大地上傲然挺立这么一株或一排白杨树，难道你觉得树只是树？难道你就不想到它的朴质，严肃，坚强不屈，至少也象征了北方的农民？难道你竟一点也不联想到，在敌后的广大土地上，到处有坚强不屈，就像这白杨树一样傲然挺立的守卫他们家乡的哨兵？难道你又不更远一点想到，这样枝枝叶叶靠紧团结，力求上进的白杨树，宛然象征了今天在华北平原纵横决荡，用血写出新中国历史的那种精神和意志？

白杨不是平凡的树。它在西北极普遍，不被人重视，就跟北方的农民相似；它有极强的生命力，磨折不了，压迫不倒，也跟北方的农民相似。我赞美白杨树，就因为它不但象征了北方的农民，尤其象征了今天我们民族解放斗争中所不可缺的朴质，坚强，以及力求上进的精神。

让那些看不起民众，贱视民众，顽固的倒退的人们去赞美那贵族化的楠木，去鄙视这极常见，极易生长的白杨罢，但是我要高声赞美白杨树！

很清楚，全文共有九个自然段，大意如下：

第一自然段：白杨树实在不是平凡的，我赞美白杨树！

第二自然段：汽车在望不到边际的高原上奔驰。

第三自然段：我那时是惊奇地叫了一声的。

第四自然段：那就是白杨树，西北极普通的一种树，然而实在不是平凡的一种树。

第五自然段：那是力争上游的一种树。

第六自然段：这就是白杨树，西北极普通的一种树，然而决不是平凡的树!

第七自然段:它没有婆娑的姿态,没有屈曲盘旋的虬枝。

第八自然段:白杨不是平凡的树。

第九自然段:我要高声赞美白杨树!

这篇散文是以空间位置的变化来展开情节的,夹叙夹议,全文可划分为五个层次。

第一层次为第一自然段,点明题旨,直抒对白杨树的热烈赞美之情,总起全文。

第二层次为第二至第四自然段,描写西北高原的雄伟景象,引出白杨树。文章开头点出白杨树"不平凡"后,不写白杨树怎样的"不平凡",而是调转笔锋,先写"扑入""视野"的高原风貌,运用化静为动的手法,绘出了一幅生机勃勃的高原风景画:初看,黄绿错综,无边无垠,坦荡如砥;细瞧,近处麦浪翻滚,远处连峰起伏。作者将自己置身于画面中,写出了在此时此地的感受:"雄壮""伟大",但又有些"单调"。这为正式描写白杨树进行了环境铺垫和气氛渲染。第三自然段,作者用"刹那间""猛抬眼"把视线引向"傲然地耸立,像哨兵似的树木",但又不立即说出这种树木的名字,而是用一句设问句来提醒,接着用自己的惊奇之感来点出悬念。第四自然段,作者才点出"那就是白杨树",并用一个转折复句对白杨树作了热情赞颂,深感"白杨树实在不是平凡的一种树"。

第三层次为第五至第六自然段,赞颂白杨树力争上游、紧密团结、不屈不挠的精神。第五自然段一开头,作者就用"力争上游"点明白杨树的精神气质,接着连用两个"笔直"突出了这种精神气质的外

11

观特点。然后具体描绘了白杨树：干，"通常是丈把高，像是加以人工似的，一丈以内绝无旁枝"；枝，"一律向上""紧紧靠拢""绝无横斜逸出"；叶，"片片向上，几乎没有斜生的，更不用说倒垂了"；皮，"光滑而有银色的晕圈，微微泛出淡青色"。再由"形"进一步深入到"神"，高度赞颂了白杨树"努力地向上""不折不挠"的坚强性格。第六自然段，作者再次直抒胸臆，突出了白杨树的"不平凡"。

第四层次为第七至第八自然段，歌颂白杨树朴实的风格、内在的美质，由树及人地概括白杨树的象征意义。作者用别具一格的审美眼光，从白杨树的朴实风格、内在美质，联想到中国共产党领导下的"北方的农民"、守卫家乡的"哨兵"以及他们团结一致、坚持抗战、用血写出新中国历史的革命精神和意志。文章连用四个反诘语气的句式，层层联想开去，一气呵成，感情激越，气势不凡。第八自然段囊括上文。在作者反复吟咏不平凡的白杨树"跟北方的农民相似"的赞语中，白杨树的象征含义被感情浓烈地揭示了出来。

第五层次为第九自然段，斥责那些贱视民众、顽固倒退的人们，并再一次赞美白杨树。作者把"贵族化的楠木"与"极常见，极易生长的白杨"进行对比，一"那"一"这"表现出界限分明的爱憎。结句再次点题，回应开头，简洁有力。

大家可以看到，我们把《白杨礼赞》这篇文章由九个小自然段归并、划分为五个层次。这样，我们在朗读时就可以精细地把握稿件的语脉，按照这五个层次把句子"穿成线、抱成团"，朗读得流畅、连贯，语意清晰、完整。

第二步，概括主题。

　　主题,就是稿件的中心思想,是稿件中提出的核心问题,是作者通过具体人物、具体事件所提出的看法、主张、态度。概括主题是由具体到抽象,向理性认识飞跃的过程,是深入理解作者的创作意图,进一步掌握稿件的精神实质,激发强烈的朗读愿望的必需。

　　《白杨礼赞》这篇文章的主题可以概括为:通过对白杨树的礼赞,歌颂了中国共产党领导下的"北方的农民"团结一致,坚持抗战,用血写出新中国历史的革命精神和坚强意志。

　　第三步,了解背景。

　　任何一部作品的创作都有它的创作背景。稿件内容所反映的时代是历史背景,它是理解稿件内容的前提。作者的写作时代是写作背景,它是了解作者的创作意图,并深入理解稿件前所必须要搞清楚的。朗读者如果要登台为观众们朗读,当然还有朗读时的具体演出背景。尤其当我们朗读的是中外著名文学作品,或历史文献、档案揭秘、人物传记时,只有先了解创作背景,方能全面、深刻、准确地理解稿件和丰富自己的感受。

　　《白杨礼赞》这篇散文写于中国人民抗日战争最艰苦的时期。由于中国国民党顽固派消极抗日,积极反共,抗日民族统一战线濒于分裂的局面,中国共产党肩负着艰苦卓绝的抗日战争。1940 年 5 月,茅盾离开新疆返回内地,受朱德同志邀请前往延安。在延安参观讲学期间,他亲身体察了解放区军民的斗争生活,看到了抗日军民团结战斗的精神风貌,留下了深刻的印象。皖南事变后,茅盾欲借礼赞西北高原上的白杨树,来表达对北方抗日军民的热爱和赞美之情,便写下了此文。这就是这篇文章的创作背景。

13

　　了解作品的创作背景,是激发强烈的朗读愿望的重要步骤。通过了解作品的创作背景,朗读者将形成一种此事此人"我熟悉、我了解、我知道"的积极心态,缩小与朗读作品之间的陌生感和距离感,为确定朗读作品的基调提供依据。

　　第四步,明确目的。

　　李国涛先生在《语言的纠缠和文体的形式》中曾指出:"传达不只是叙述一个故事,它同时要表达一种附着于语言上的意味。意味比故事还重要。"这里所说的"意味",正是我们从朗读角度所说的"目的"。

　　语言学理论告诉我们,语言本身表现为多层次结构,大体可分为表层结构和深层结构。任何写出来或说出来的话语,都属于表层结构。而深层结构的情感意义、功能意义,要靠语言接受者去体味。高明的作者一般不会在文章的表层结构中言明其真实的写作目的,而是将写作目的渗透于字里行间,隐含在稿件内容之中。朗读者通常都是在朗读别人撰写的作品,如果没有搞清楚作者真实的创作意图、创作目的,又怎么可能朗读出作品中的意味呢? 只有明确了作品中蕴含的真实目的,朗读者在朗读时才能分清楚内容的主次,突出重点,始终把握好思想感情运动的正确方向,不使具体感受因受困于细枝末节而失去准确性。

　　《白杨礼赞》明面上是在礼赞白杨,但作者的真实意图却是赞美共产党及其领导的抗日军民。这篇文章写于 1941 年皖南事变后,共产党及其领导的抗日力量正面临着严峻的形势。茅盾想把对共产党及其领导的抗日军民的赞美大声讴歌出来,但不能够,也不被允许,因此只能将自己的写作目的隐含在稿件内容之中,渗透于字里行间,这就需要我们在阅读理解这篇作品时认真地去体味。

第五步,分清主次。

作者在创作一篇文章、一部作品时绝不会平均用力。实际上,稿件的各个层次、段落、语句,在表达作者的意图时都起着不同的作用。拿文章中的各个自然段来说,有的起过渡作用,有的起支撑作用,有的起铺垫作用,有的起揭示主题作用。有的地方删繁就简,几笔带过,有的地方则不惜笔墨,尽情渲染。因此,我们在准备稿件时必须分清主次,突出重点。

有读者可能会问,怎样才能分清主次呢?分清主次的关键是要学会抓重点。张颂在《朗读学》中曾指出:"稿件中,那最集中,最典型地表现主题的地方;那最得力,最生动体现目的的地方;那最凝聚,最浓重地抒发感情的地方;那最直接,最恰当地感染受众的地方,都属于重点。"

《白杨礼赞》共有九个自然段,可分为五个层次。但很显然,那最集中,最典型地表现主题的地方;那最得力,最生动体现目的的地方;那最凝聚,最浓重地抒发感情的地方;那最直接,最恰当地感染受众的地方,就在三、四两个层次,即第五至第八自然段。

抓住重点是为了分清主次,分清主次是为了朗读时有恰到好处的处理。我们在朗读次要部分的时候,感情要控制、要适度,不可喧宾夺主,要向重点处推进。在非重点和重点之间,要合理配置思想感情的酝酿、积蓄、凝聚和迸发。我们老一代的语言艺术前辈就曾形象地把目的比喻为红线,把重点和非重点比喻为大小不等、色彩纷呈的珠子,主张用红线把大小珠子巧妙地连缀成精美的艺术品(完美的朗读作品)。

第六步,把握基调。

基调是指朗读者在朗读一篇文章或一首诗词时所把握的总的感情色彩和分量,而绝不是简单地指朗读时声音的高低。基调,一方面是指稿件本身所蕴含的感情色彩和分量上的特点,另一方面还应融入朗读者在朗读目的指导下产生的具体态度。基调不对,其他方面准备得再好、再细致,也是白搭。

既然基调对于朗读创作如此重要,我们应该怎样把握好基调呢?

首先,应从稿件本身,即稿件的内容和形式两方面出发,得到综合的、升华的感情色彩及分量的把握。也就是说,应该在前面已经进行的五步备稿的基础上,对稿件中的人物、事件,对作者的创作态度、政治主张、思想感情、语言风格、写作特点等,进行完整的分析和总结,从而确定朗读基调。

其次,应从朗读者的朗读角度出发,设计和确定朗读的具体态度和感情色彩,如"热情赞颂""尽情讴歌""深情缅怀""愤怒鞭挞""积极倡导""温婉含蓄"等。《白杨礼赞》的朗读基调显然就是"热情赞颂"和"尽情讴歌"。

16

# 第三章

# 朗读的感受

朗读感受是朗读者在朗读文章时内心反应、体会、体验的过程。它既诉诸感官又超越感官,既来自普通感觉又超越普通感觉。它是朗读者对客观世界的一种"感应"方式,而这种"感应"方式首先必须是一种"感"的形式,这种"感"的形式是形成朗读感受发生过程的一个重要的历史和逻辑的起点。从这个起点出发,朗读感受将走过四个阶段:形象感受——逻辑感受——整体感受——独特感受。

# 第一节　作为艺术感觉的朗读感受

朗读,作为一种创造性的有声语言艺术活动,其创作中的感受势必属于艺术感觉的范畴。艺术感觉来源于普通感觉,但又超越普通感觉。普通感觉对事物的反应是有限的,而艺术感觉则是无限的。艺术感觉可以超越一切时空界限,使朗读者以自己的精神主体为中介去感受作品,进入作品的灵魂深处,体现和表达出作品的本质,甚至是作者想表达而未表达出的感情和思想。

我们的中学课本里有一篇课文叫《谁是最可爱的人》,著名播音员齐越曾经朗读过这篇课文。作者魏巍听后在写给齐越的信中说:"你的播音既把我在文章中表达出来的感情充分地表达出来了,又把我想表达而又没有表达出来的感情充分地表达出来了。"郭沫若先生在听了另一位著名播音员夏青朗读他的诗词后,更是评价称"三分写,七分读"。而这些良好效果的取得,都与语言艺术大家们对作品的充分感受、体验分不开。斯坦尼斯拉夫斯基在创立演员表演体系时,曾一度把感受和体验的重要性提升到一种无以复加的地步,以至于他在当时曾认为演员的外部表现技巧都可有可无了。

由此我们可以看到,朗读感受主体(朗读者)以一种主动的拥抱性姿态去感受文章作品,并在深刻的感受中完成精神的升华,而朗读创作中的这种感受也因此具有了审美的特征。马尔库塞就曾在《现代美学析疑》中写道:"审美的根源在于感受力","它既要服从于稿件文字所表现的外部世界的全部丰富性,又要以客观存在的无限性使人们看到物质带着诗意的感性光辉对人的全身心发出微笑"。

## 第二节　朗读的形象感受

形象感受是朗读感受系统中最基本、最直接的感受。无论是在分析、理解作品时,还是在进行朗读时,朗读者都必须对文章的字词产生相应的感受。

比如我们在第二章中分析的那篇例文《白杨礼赞》,茅盾对白杨树的描写和刻画就能让我们找到如电影画面般的形象感受。如文章一开始,呈现在我们眼前的便是:"汽车在望不到边际的高原上奔驰,扑入你的视野的,是黄绿错综的一条大毡子。黄的是土,未开垦的处女土,几十万年前由伟大的自然力堆积成功的黄土高原的外壳;绿的呢,是人类劳力战胜自然的成果,是麦田。和风吹送,翻起了一轮一轮的绿波——这时你会真心佩服昔人所造的两个字'麦浪'。"接下来文章中对白杨树的描写和刻画就更为形象、直观:干,"通常是丈把高,像是加以人工似的,一丈以内绝无旁枝";枝,"一律向上""紧紧靠拢""绝无横斜逸出";叶,"片片向上,几乎没有斜生的,更不用说倒垂了";皮,"光滑而有银色的晕圈,微微泛出淡青色"。

　　黑格尔说:"艺术的感性事物只涉及视听两个认识性感觉。"从人类的艺术实践来看,其全部艺术形式都可以被归纳为视觉艺术和听觉艺术,而视觉感受和听觉感受就是形象感受的最核心的部分。因此,朗读者对文章内词语的视觉和听觉形象的感觉要格外的敏锐和敏感。作为朗读者,不仅要充分把握词语的明确含义,还要精细深刻地感受词语的具体色彩,并努力获得具体的感受,使听者从朗读声中感受到具体形象,而且要比从文章中获得的感受更深、更强烈。正如本书开篇中朱熹对朗读提出的要求那样,要"逐句玩味""反复精详"。

# 第三节　朗读的逻辑感受

　　在朗读感受的初级阶段,朗读者不仅能感受到词语的具体形象,也能感触到词语和语句的内在逻辑,这就是朗读感受的第二阶段——逻辑感受。

　　逻辑感受主要包括从词语和语句在文章的排序中获得的主次感、并列感、对比感、递进感、转折感、因果感等多种感觉。从表面上看,逻辑感受似乎更具抽象色彩,不如词语本身给人的感受形象直观。但实际上,这种逻辑感受在文章中是完全能够感受得到的,而且随处可见。

　　我们就以李清照的《如梦令》为例,来具体谈谈逻辑感受。

## 如　梦　令

昨夜雨疏风骤，浓睡不消残酒。试问卷帘人，却道海棠依旧。知否，知否？应是绿肥红瘦。

起首两句，词面上虽然只写了昨夜饮酒过量，翌日晨起宿醉尚未尽消，但它的背后还潜藏着另一层意思，那就是昨夜酒醉是因为惜花。这位女词人不忍看到第二天海棠花谢，所以前一晚才在海棠花下饮了过量的酒，直到今朝尚有余醉。

三、四两句所写，是词人惜花心理的必然反映。尽管饮酒致醉，一夜浓睡，但清晨酒醒后所关心的第一件事仍是园中海棠。词人猜想海棠不堪一夜骤风疏雨的揉损，窗外定是残红狼藉，落花满眼，却又不忍亲见，于是试着向正在卷帘的侍女问个究竟。一个"试"字，将词人关心花事却又害怕听到花落的消息，不忍亲见落花却又想知道究竟的矛盾心理，表达得贴切入微、曲折有致。"试问"的结果为"却道海棠依旧"。侍女的回答让词人感到非常意外。本以为经过一夜风雨，海棠花一定凋谢得不成样子了，可是侍女卷起窗帘，看了看外面之后，却漫不经心地答道：海棠花还是那样。一个"却"字，既表明侍女对女主人的心事毫无觉察，对窗外发生的变化无动于衷，也表明词人听到侍女的答话后感到疑惑不解。她想："雨疏风骤"之后，"海棠"怎会"依旧"呢？这就非常自然地带出了结尾两句。

"知否，知否？应是绿肥红瘦。"这既是词人对侍女的反诘，也像是她的自言自语：这个粗心的丫头，你知不知道，园中的海棠应该是绿叶繁茂、红花稀少才对。这句对白写出了伤春、惜春的闺中人复杂

21

的神情口吻,可谓传神之笔。"应是"表明词人对窗外景象的推测与判断,用词极其恰当。因为她毕竟尚未目睹这一切,所以说话时要留有余地。同时,这个词语中也暗含着"必然是"和"不得不是"之意。海棠虽好,风雨无情,它是不可能长开不谢的。一语之中,含有不尽的无可奈何的惜花之情,可谓语浅意深。而这一层惜花的殷殷情意,自然是"卷帘人"所不能体察也无须更多理会的,她毕竟不像她的女主人那样感情细腻,对自然和人生有着深刻的感悟。这也许就是她之所以作出上述回答的原因。末了的"绿肥红瘦"更是全词的精绝之笔,历来为世人所称道。"绿"代替叶,"红"代替花,是两种颜色的对比;"肥"形容雨后的叶子因水分充足而茂盛肥大,"瘦"形容雨后的花朵因不堪雨打而凋谢稀少,是两种状态的对比。原本平平常常的四个字,经过词人的搭配组合,竟显得如此色彩鲜明、形象生动,这堪称是语言运用上的一个创造。由这四个字生发联想,"红瘦"表明春天的渐渐消逝,而"绿肥"象征着绿叶成荫的盛夏即将来临。这种极富逻辑概括性的语言实在令人叹为观止。

22

　　需要注意的是,关联词对于逻辑感受的产生有着直接的指向作用。在没有关联词的地方,朗读者也要善于挖掘补充。从感受的发展阶段来看,逻辑感受比形象感受更深一步、更高一级。逻辑感受是朗读者把文章语句串成起承转合、环环相扣的有声语言的逻辑链条,是构成全篇稿件整体感受的结构性要素。只有形象感受而没有逻辑感受,朗读往往会有点无线、有句无章、有叶无枝、有枝无干,散乱一片,无法形成整体。

　　更重要的是,没有逻辑感受,或逻辑感受不准确,就没有朗读的真实,也就没有朗读的信念。因为逻辑感受决定着朗读者在朗读时所真诚相信的内心根据。

# 第四节　朗读的整体感受

形象感受让朗读有了色彩,有了看得见、摸得着的清晰的画面;逻辑感受让朗读有了序列,有了层次和真诚相信的内心根据。但这还不够,形象感受和逻辑感受只有随着语言序列的发展,沿着词语、语句、段落、层次(部分)、文章全篇,逐级整合为整体感受,感受对于朗读创作才具有实在的意义。

在形象感受和逻辑感受整合为整体感受的过程中,形象感受与逻辑感受互相结合,相互作用,朗读者对文章的段落、层次和全篇整体意蕴及其内在逻辑关系的感受变得逐渐突出,文章的序列、扩展、细节、全貌最终才能尽收眼底。

我们就以毛泽东的《沁园春·雪》为例,看看形象感受和逻辑感受是怎样逐级整合为整体感受的。

## 沁园春·雪

北国风光,千里冰封,万里雪飘。望长城内外,惟余莽莽;大河上下,顿失滔滔。山舞银蛇,原驰蜡象,欲与天公试比高。须晴日,看红装素裹,分外妖娆。

江山如此多娇,引无数英雄竞折腰。惜秦皇汉武,略输文采;唐

23

宗宋祖,稍逊风骚。一代天骄,成吉思汗,只识弯弓射大雕。俱往矣,数风流人物,还看今朝。

《沁园春·雪》分上下阕。上阕开门见山,直接描写北国雪景,朗读者可充分感受到祖国山河的壮丽形象。

前三句"北国风光,千里冰封,万里雪飘",总写北国雪景,把读者引入一个冰天雪地、广袤无垠的银色世界。天地茫茫,纯然一色,包容一切。"冰封"凝然安静,"雪飘"舞姿轻盈,静动相衬,静穆之中又有飘舞的动态。

第四句至第七句"望长城内外,惟余莽莽;大河上下,顿失滔滔",是对雪景的大笔铺陈。"望"字之下,展现了长城、黄河、山脉、高原等最能反映北国风貌的雄伟景观,这些也正是中国的形象。"长城内外"是从南到北,"大河上下"是自西向东,地域如此广袤,正与前面的"千里""万里"两句相照应。大气磅礴的意境,显示了作者博大的胸怀和雄伟的气魄。"惟余莽莽""顿失滔滔"分别照应"雪飘""冰封"。"惟余"二字,强化了白茫茫的壮阔景象。"顿失"二字,则写出了变化之速与寒威之烈,又使人联想到大河尚未冰封时波涛滚滚的雄壮气势。这四句运用视觉形象描写,赋予冰封雪飘的风光以更为具体、丰富的形象感受,更显气象的奇伟雄浑。

第八句至第十句"山舞银蛇,原驰蜡象,欲与天公试比高",运用动态描写,表现了活泼奔放的气势。"山"和"原"都是静物,之所以写它们"舞"与"驰",展开化静为动的浪漫想象,一方面是因为在大雪飘飞时远望绵延起伏的山势和丘陵,的确有山舞原驰的动感,另一方面则是因为作者自身情感的跃动,使眼前的大自然也显得生气勃勃、生动活跃。

第十一句至第十三句"须晴日,看红装素裹,分外妖娆"写的是虚景,与前十句写的眼前的实景形成对比,想象雪后晴日当空的景象,呈现出一派新的气象。雪中的景象在苍茫中显得雄伟,雪后的景象则显得娇艳。"看"字与"望"字照应;"红装素裹",把江山美景比作少女的衣装,形容红日与白雪交相辉映的艳丽景象;"分外妖娆",赞美的激情溢于言表。

下阕笔锋一转,由写景转到写人、抒情,纵论历代英雄人物,抒发作者伟大的抱负及胸怀。此时,形象感受与逻辑感受开始结合,具体感受开始向整体感受发展。在这一统摄整合过程中,朗读者对这首词的段落、层次、中心思想、深刻意蕴及其内在逻辑关系的感受变得愈加突出。我们接着来分析:

第十四句至第十五句"江山如此多娇,引无数英雄竞折腰"可谓承上启下。"江山如此多娇"承上,总括上阕的写景,对"北国风光"作总评;"引无数英雄竞折腰"启下,展开对历代英雄的评论,抒发作者的抱负。这一过渡使全词浑然一体,给人以严丝合缝的感受。

第十六句至第二十二句"惜秦皇汉武,略输文采;唐宗宋祖,稍逊风骚。一代天骄,成吉思汗,只识弯弓射大雕",以"惜"字总领七个句子,展开对历代英雄人物的评论。作者从历代帝王中选出五位很有代表性的人物,展开一幅幅历史画卷,使评论得以具体形象地展开,如同翻阅一部千秋史册,一一加以评说。

第二十三句至第二十五句为"俱往矣,数风流人物,还看今朝"。"俱往矣"三字,言有尽而意无穷,有画龙点睛之妙。它将中国封建社会的历史一笔带过,转向作者所处的当今时代,并点出全词"数风流人物,还看今朝"的主题。"今朝"是一个新的时代,新的时代需要新的风流人物来带领。"今朝"的风流人物必将不负历史的使命,超越历史上的英雄人物,具有更卓越的才能,创造空前伟大的业绩,这是作者坚定的自信和伟大的抱负。这震撼千古的结语,发出了超越历史的宣言,道出了改造世界的壮志。那一刻思接千载,那一刻洞悉未来,那一刻豪情万丈,那一刻傲视古今。

至此,朗读者不仅看到了北国风光、千里冰封、万里雪飘的具体形象,而且通过"江山如此多娇"承上,总括上阕的写景,对"北国风光"作总评,"引无数英雄竞折腰"启下,展开对历代英雄的评论,继而将主席博大的胸襟和抱负给予充分、完整的展现。

通过具体感受的逐级整合,文章中纷繁、孤立的表象逐级收拢,朗读者的感受也随着理解的深入而趋于深刻,并由此完成精神的升华,这样朗读出来的作品才会显得大气、完整。这就是一般朗读者朗读出来的作品听起来总让人感觉小气、散乱、支离破碎,缺乏吸引力,而功力深厚的朗读大家朗读出来的作品听起来流畅、完整、大气的重要原因。

## 第五节　朗读的独特感受

独特感受是朗读感受系统中最深层次的感受,是心的感受、灵魂的感受,也是四个阶段中最高层次的感受。朗读者个人修养、知识、品行、格调、世界观,甚至是个性的不同,都会导致感受的不同。独特感受是朗读者对所要朗读作品的深层意蕴的一种独到的审美认识、发现和感悟能力,是朗读者形成个人朗读风格的基本前提和根本所在。

我的学姐李修平在听了 CHINA RADIO 播出的《浩瑜为您读诗词》节目后,给我写了这么一段话:"相信你的读诗词节目一定能够打动听众的心灵,因为这里有你独特的审美观和人生涵养。"

下面,我结合《浩瑜为您读诗词》"秋之篇"中苏轼的《水调歌头·明月几时有》,来和大家分享一下我是如何感受这篇作品的。

### 水调歌头·明月几时有

丙辰中秋,欢饮达旦,大醉,作此篇,兼怀子由。

明月几时有? 把酒问青天。

不知天上宫阙,今夕是何年。

我欲乘风归去,又恐琼楼玉宇,高处不胜寒。

起舞弄清影,何似在人间。

转朱阁,低绮户,照无眠。

不应有恨,何事长向别时圆?

人有悲欢离合,月有阴晴圆缺,此事古难全。

但愿人长久,千里共婵娟。

在感受这篇作品之前,我们需要了解一下它的创作背景。这首词是作者公元 1076 年(宋神宗熙宁九年)中秋在山东密州时所作。词前的小序交代了写词的过程:"丙辰中秋,欢饮达旦,大醉,作此篇,兼怀子由。"苏轼因为与当权的变法者王安石等人政见不同，自求外放，辗转在各地为官。他曾经要求调任到离胞弟苏辙（字子由）较近的地方为官，以求兄弟多多聚会。公元1074年，苏轼调往密州任知州，但到了密州后，这一愿望仍无法实现。公元1076年的中秋，皓月当空，银辉遍地，词人与胞弟分别之后，已七年未得团聚。此刻，词人面对一轮明月，心潮起伏，于是乘酒兴正酣，挥笔写下了这首名篇。

下面，我们就来细细感受苏轼的这首名篇佳作。此词是中秋望月怀人之作，表达了作者对胞弟苏辙的无限怀念。词人运用形象描绘手法，勾勒出一种皓月当空、亲人千里、孤高旷远的境界氛围，把自己遗世独立的意绪和往昔的神话传说融合在一起，在月的阴晴圆缺之中渗入浓厚的哲学意味，可以说是一首自然和社会高度契合的感喟作品。

需要注意的是，苏轼的这首词，"大醉"遣怀是主，"兼怀子由"是辅。对于一贯秉持"尊主泽民"思想的苏轼来说，手足分离的私情，比起内忧外患的国势，毕竟属于次要的伦理负荷。这一点在题序中有明确的提示。

此词上阕望月，一开始就提出一个问题：明月是从什么时候开始有的——明月几时有？把酒问青天。

苏轼把青天当作自己的朋友，把酒相问，显示了他豪放的性格和不凡的气魄。李白在《把酒问月》中说："青天有月来几时？我今停杯一问之。"不过李白这里的语气比较舒缓，苏轼因为想飞往月宫，所以语气显得更迫切。"明月几时有？"这个问题既像是在追溯明月的起源、宇宙的起源，又像是在惊叹造化的巧妙。读者可以从中感受到词人对明月的赞美与向往。

接下来的两句"不知天上宫阙，今夕是何年"，把词人对明月的赞美与向往之情又推进了一层。从明月诞生之日起到现在已经过去许多年了，不知道在月宫里今晚是一个什么日子。词人想象那一定是一个好日子，所以月亮才这么圆，这么亮。他很想去看一看，所以接着说："我欲乘风归去，又恐琼楼玉宇，高处不胜寒。"苏轼设想自己前生是月中人，因而心生"乘风归去"之念。他想乘风飞向月宫，又怕那里的琼楼玉宇太高了，受不住那儿的寒冷。这里有两个字值得注意，就是"我欲乘风归去"中的"归去"。为什么是"归去"呢？这也许是因为苏轼对明月十分向往，早已把那里当成自己的归宿了。从苏轼的思想来看，他受道家的影响较深，抱着超然物外的生活态度，又喜欢道教的养生之术，所以常有出世登仙的想法。词人之所以有这种脱离人世、超越自然的奇想，一方面是因为他对宇宙奥秘充满好奇，另一方面是因为他对现实人间心怀不满。人世间有如此多的不称心、不满意之事，迫使词人幻想摆脱这烦恼的人世，到琼楼玉宇中过逍遥自在的神仙生活。苏轼后来被贬官到黄州，时时有类似的奇想，正所谓"小舟从此逝，江海寄余生"。然而，这在词中仅仅是一种打算，未及展开，便被另一种相反的思想打断："又恐琼楼玉宇，高处不胜寒。"这两句急转直下，天上的"琼楼玉宇"虽然富丽堂皇，美好非凡，但毕竟高寒难耐，不可久居。词人故意找出天上的美中不足，以坚定自己留在人间的决心。这一正一反，更表露出他对人间生活的热爱。同时，这里依然在写中秋月景，读者可以体会到月亮的美好以及月光的寒气逼人。这一转折，写出了词人既留恋人间又向往天上的

29

矛盾心理,并且深刻地说明了词人留恋人世、热爱生活的思想感情,显示了他开阔的心胸与超远的志向,为整首词带来一种旷达的风格。

的确,苏轼毕竟更热爱人间的生活。"起舞弄清影,何似在人间。"与其飞往高寒的月宫,还不如留在人间趁着月光起舞呢!"清影"指月光之下自己清朗的身影。"起舞弄清影",是与自己的清影为伴,一起舞蹈嬉戏的意思。"高处不胜寒"并非作者不愿归去的根本原因,"起舞弄清影,何似在人间"才是根本之所在。这首词从幻想上天写起,写到这里又回到热爱人间的感情上来。在从"我欲"到"又恐"至"何似"的心理转折开阖中,苏轼展示了自己情感的波澜起伏。他终于从幻觉回到现实,在出世与入世的矛盾纠葛中,入世思想最终占了上风。"何似在人间"是毫无疑问的肯定,雄健的笔力显示了情感的强烈。

下阕怀人,即兼怀子由,由中秋的圆月联想到人间的离别,同时感念人生的离合无常。"转朱阁,低绮户,照无眠。"这里词人既指自己怀念胞弟的深情,又泛指那些中秋佳节因不能与亲人团圆以致难以入眠的离人。"不应有恨,何事长向别时圆?"词人无理地埋怨明月说:"明月您总不该有什么怨恨吧,为什么老是在人们离别的时候才圆呢?"无理的语气进一步衬托出词人思念胞弟的手足深情,同时又含蓄地表达了他对不幸的离人们的同情。

接着,词人笔锋一转,说出了一番宽慰的话:"人有悲欢离合,月有阴晴圆缺,此事古难全。"月亮有被乌云遮住的时候,有亏损残缺的时候,她也有她的遗憾,自古以来,世上就难有十全十美的事。这三句从人到月,从古到今,进行了高度的概括。从语气上看,好像是代

30

明月回答前面的提问；从结构上看，则是推进一层，从人月对立过渡到人月融合。为月亮开脱，实质上还是为了强调对人事的达观，同时寄托对未来的希望。

词的最后说："但愿人长久，千里共婵娟。""婵娟"是美好的样子，这里指嫦娥，代指明月。"共婵娟"就是共明月的意思，典故出自南朝谢庄的《月赋》："隔千里兮共明月。"既然人间的离别是难免的，那么只要亲人健在，即使远隔千里，也还可以通过普照世界的明月把两地联系起来，把彼此的心相连在一起。"但愿人长久"，是要突破时间的局限；"千里共婵娟"，是要打通空间的阻隔。古人有"神交"的说法，要好的朋友天各一方，不能见面，却能以精神相通。"千里共婵娟"也可以说是一种神交了，这两句并非一般的自慰和共勉，而是表现了作者处理时间、空间以及人生这样一些重大问题时所持的态度，充分显示出词人精神境界的丰富博大。王勃有两句诗："海内存知己，天涯若比邻。"张九龄在《望月怀远》中说："海上生明月，天涯共此时。"许浑的《秋霁寄远》也说："唯应待明月，千里与君同。"这些佳句意味深长，都与"千里共婵娟"有异曲同工之妙。但愿人人年年平安，相隔千里也能共享美好的月光，表达了作者的祝福和对亲人的思念，表现了作者旷达的态度和乐观的精神。苏轼把前人的诗意化解到自己的作品中，熔铸成一种普遍性的情感。正如词前小序所说，这首词表达了苏轼对胞弟苏辙的怀念之情，但并不限于此。可以说，这首词是苏轼在中秋之夜，对一切经受着离别之苦的人表达的美好祝愿。

此篇是苏词的代表作之一。从艺术成就上看，它构思奇拔，独辟蹊径，极富浪漫主义色彩，是历来公认的中秋词中的绝唱。从表现方

31

式上看，词的前半纵写，后半横叙。前半既是对历代神话的推陈出新，也是对魏晋六朝游仙诗的递嬗发展。后半纯用白描，人月双及，名为演绎物理，实则阐释人事。从布局方法上看，上阕凌空而起，入处似虚，下阕波澜层叠，返虚转实，最后虚实交错，纡徐作结。全词设景清丽雄阔，以咏月为中心，表达了游仙"归去"与直舞"人间"、出世与入世的矛盾和困惑，以及旷达自适、人生长久的乐观态度和美好愿望，极富哲理与人情。全篇立意高远，构思新颖，意境清新如画，具有很高的审美价值。最后以旷达情怀收束，是词人情怀的自然流露。

在独特感受中，审美价值观念起着决定性的作用。朗读者的审美价值观念和取向在朗读中占据着至关重要的位置。我们所说的朗读感受，也可以说是审美价值的感受。在这一感受过程中，朗读者不只是塑造别人的灵魂，更多的是借用塑造别人灵魂的方法来塑造自己的灵魂，最后再用自己的灵魂去感化别人的灵魂。因此，感受的独特性就是独特感受的审美价值选择。朗读者的"分量"和水平高低并不完全取决于他朗读过多少作品，而是取决于他的审美价值观念和取向。正是有了这种独特的审美价值观念和取向，朗读者才能将那些文章作品中的文字符号转化为意蕴深厚的、富有精神价值的声音形象，并在朗读创作中展现自己的人格魅力和心灵空间。

32

# 第四章

# 朗读的情感表达

情感，是朗读创作的动力源泉，是朗读再创作的精华，是朗读技巧的灵魂，是朗读有声语言的生命。

著名的朗读艺术家姚溪娟说过："未有曲调，先有情。"唐代大诗人白居易也曾说过："感人心者，莫先乎情。"

那么朗读的情感到底是怎样的情感，又是如何调动起来，进而表达出来的呢？

# 第一节　朗读的情感

俄罗斯大文豪托尔斯泰认为，艺术感染的深浅程度取决于三个条件：第一，所传达的感情具有多大的独特性；第二，这种感情的传达有多么清晰；第三，艺术家的真挚程度如何。在这三个条件中，托尔斯泰最看中的是真挚，因为真挚是发自灵魂深处的真情实感。而这种发自灵魂深处的真情实感就是我们朗读所要求的情感。

34　　　　动真心、动真情是我们在朗读中必须坚持的原则。不论采取什么调动手段，不论调动得是否到位，动心是最根本的。古人云："情，波也；心，流也；性，水也。"也就是说，人的本性像水一样，只有心动，水才能动起来，感情的波澜才能显现出来。

心动之后，还需"情至"。为了达到情至，我们应该紧紧抓住具体感受，对作品的形象感受与逻辑感受进行有目的的筛选、净化，在心中激起感情的波澜，使其融化为具有某种特点的心境，这便是积聚、生发感情的土壤。

心境，是作品给予朗读者的新奇天地。正是在这种心境中，朗读者获得了与此时此地自身处境不同的时空感、链接感。一旦进入某种心境之后，朗读者便不再被动地重复作品本身的内容，而是已经有了自己的再创作了。心境的力量是巨大的，它将使朗读者迸发灵动的创造活力，这样情感也就自然而然地被调动起来了。

## 第二节　情感的表达

情感的表达是丰富的、多种多样的：有浅吟低唱，有大江东去，有柔肠粉泪，有家国愁思。富有真情实感的朗读会让听者感觉"字在眼前，却萦耳畔，音从天来，却往心去"。需要强调的是，情感的表达一定不是程式化、脸谱化的，有声语言所表达的"感情"更不是某种特有的腔调。仅凭着一种程式化、脸谱化的腔调，就试图打动听众、观众，不仅无法如愿，而且令人生厌。原因很简单，那种动不动就慷慨激昂，却连自己都打动不了的朗读，又如何能够打动别人呢？人们最讨厌虚假的事物，不论你朗读的技巧有多高明，如果朗读的感情是假的，朗读的生命力也就终结了。

此外，朗读者在酝酿、聚集、生发、调动感情的时候，不应该处于"自我陶醉"的状态中。自我陶醉虽属于"情至"的一种，但极易陷入感情泛滥的境地，令人忘记了作品主题、朗读目的，局限于某种特殊的感情而不可自拔：或痛哭流涕，抽噎不止；或咬牙切齿，怒发冲冠；或喜形于色，手舞足蹈；或声嘶力竭，毫无节制。这一切都将造成因

35

"情"害意,分寸皆无。

情感表达的依据是由朗读作品的内容决定的,情感表达的表现力、控制力则是由朗读者的自我修养和语言功力决定的。已故表演艺术家、语言艺术家董行佶曾谈及自己在朗读和朗诵时调动感情的经验。他在朗诵贺敬之的诗《西去列车的窗口》时,就通过联想夜晚静听火车车轮与铁轨的撞击声,把自己带入规定的情境,引发与诗情一致的情感节奏。他在朗读散文《橘园颂歌》时,又通过想象文中的海军大尉踏着鹅卵石铺砌的小路所发出的沉闷的脚步声,把自己引向烈士陵园,获得了沉重、肃穆的感情体验及相应的心理依据和情感表达的分寸把握。董行佶并没有因为《橘园颂歌》是一篇赞颂牺牲了的海军战士的作品,就一味慷慨激昂地浓情赞颂,而是在看似平淡无奇、感情不太激烈的朗读中,表达出对牺牲了的 17 个水兵的真挚的感情和崇高的敬意,深深地感染了广大听众和观众。

中央人民广播电台著名播音员方明则依据朗读作品的内容和语境的需要,运用激情奔放、开合恢宏、酣畅淋漓的情感表达手段,来达到动人视听、激发共鸣的效果。一直以来,方明老师凭借直抒胸臆的诵读风格令人印象深刻。在他诵读的作品中,无论是雄阔豪放的《沁园春·雪》,还是凄婉缠绵的《江城子》,方明老师的感情都是真挚而浓烈的——用他自己的话说,就是"要把听众的心搅和得不那么平静,让你非动心不可"。

人们都说夏青的播音和朗读有大国的风度,但他的感情运用却总是内敛沉稳、控制有度。夏青老师说,播音员在播音和诵读作品时,既不能"不够",也不能"过火",分寸的把握极为重要。夏青老师的播读看似声调不高,语速稍慢,不温不火,但他的情感表达却又是鲜明饱满的。而且,他这种厚重、沉稳、内敛的情感表达还体现了我们中华民族的审美特征。

著名播音员林如的朗读,从不采取感情放纵的表达方法。她在朗读作品时,一般并不给人以泣不成声之感,而是浓缩感情,控制音量,以控制后惊人的冷静来表情达意。这种很有分寸的情感表达方法,看似没有激情,实则激情无限。

情感,是更高一级的心理体验,这种体验比感受更为深刻。它有时似涓涓细流,有时似惊涛骇浪;有时温婉畅达,有时汹涌澎湃。一个优秀的朗读者应该使自己的感情处于一种积极的运动状态,和朗读作品中的人物同呼吸、共命运,一起笑、一起哭,这样朗读出来的作品才会打动人。

以近年来朗读爱好者们都喜欢朗读的文章《我的南方和北方》为例。　　　37

## 我的南方和北方

自从认识了那条奔腾不息的大江,我就认识了我的南方和北方;

自从认识了那条奔腾不息的大江,我就认识了我的北方和南方。

我的南方和北方相距很近,近得可以隔岸相望;

我的北方和南方相距很远,远得无法用脚步丈量。

大雁南飞,用翅膀缩短着我的南方与北方。

燕子归来,衔着春泥表达着我的北方与南方。

我的南方,也是李煜和柳永的南方。

一江春水滔滔东流,流去的是落花般美丽的往事和芬芳。梦醒时分,定格在杨柳岸晓风残月中的那种忧伤,也注定只能定格在南方才子佳人忧怨的面庞……

我的北方,也是李白和高适的北方。

烽烟滚滚,战马挥缰。在胡天八月的飞雪中,骑马饮酒的北方将士,正开进着刀光剑影的战场,所有的胜利与失败,最后都化作了边关冷月下的一排排胡杨……

我曾经走过黄山、衡山、峨眉、雁荡,寻找着我的南方。

我的南方却在乌篷船、青石桥、油纸伞的深处隐藏。

在秦淮河的灯影下,我凝视着我的南方;

在寒山寺的钟声里,我倾听着我的南方;

在富春江的柔波里,我拥抱着我的南方。

我的南方啊! 杏花春雨,小桥流水,莺飞草长。

我曾经走过天山、昆仑、长白、太行,寻找我的北方。

我的北方却在黄土窑、窗花纸、蒙古包的深处隐藏。

在飞沙走石的戈壁滩,我与我的北方并肩歌唱;

在塞外飞雪的兴安岭,我与我的北方沉思凝望;

在苍茫一片的山海关，我与我的北方相视坚强。

我的北方啊！大漠孤烟，长河落日，唢呐嘹亮。

都说我的南方富饶，可那万古稻田、千里水乡，是父辈们用汗水和泪珠浇灌，是改革者用勇气和智慧酝酿。

不管是大名鼎鼎的鱼米之乡，还是深圳、温州小港，闪亮的名字，其实是斧凿刀刻一般，拓印在爸爸妈妈的皱纹上！

都说我的北方贫穷，可是我分明听到，听到了振兴老东北，开发大西北的战鼓隆隆作响；

听到了那停产多年的老机床又开始欢快地歌唱；

听到了劳动号子、安塞腰鼓响彻九曲黄河旁；

听到了爸爸用粗糙的大手拂去汗珠后的步履铿锵……

我知道，你醒了，我的北方！

从古到今，那条奔腾不息的大江就像一根琴弦，弹奏着几多兴亡，几多沧桑；

从古到今，那条奔腾不息的大江就像一根琴弦，弹奏着几多沧桑，几多兴亡。 39

在东南风的琴音里，我的南方雨打芭蕉，荷香轻飘，婉约而又悠扬。

在西北风的琴音中，我的北方雪飘荒原，腰鼓震天，凝重而又张狂。

啊！我的南方和北方！

啊！我的北方和南方！

我们永远的故乡！

要想朗读好这篇文章，朗读者必须动真心、动真情，在心中激起感情的波澜。朗读时，要根据作品内容，使自己的感情始终处于一种积极的运动状态，和祖国同呼吸、共命运，这样才能够真正地打动人、感染人。

# 第五章

# 朗读的科学用声和嗓音保护

不断有朋友和学生问我：为什么朗读时声音会发紧、发僵，朗读后嗓子会沙哑、干涩，有时甚至还说不出话来？许多人身上都出现过这种现象，尤其是经常需要用声的教师群体。由此看来，学会科学用声和嗓音保护，对于我们的朗读表达来说是一个重要且基本的前提。

# 第一节　声音是从哪里发出来的

## 1. 何谓"嗓子"

人体中，介于咽与气管之间的部分称为喉，它是发声系统中最具代表性的器官。喉头内的声带是人体发声的振动体，是声源，我们的声音就是从这里发出的。我们通常把喉与喉部发出的声音一同叫作"嗓子"。若要夸人的声音好听，就说"这人嗓子真好"，而声音不好听的则称为"破锣嗓子"。

## 2. 喉部的基本常识

喉由软骨支架、肌肉、韧带和纤维组织膜等构成，上部略呈三角形，下部呈圆形。上连咽部，下连气管。成年男性的喉的位置在相当于第五颈椎平面的高度，成年女性和儿童的稍高。喉是呼吸时气流的必经之处，声带是喉的一部分。两条声带前端相靠，后端则呼吸时分开，发声时靠拢，两条声带之间叫声门。

## 3. 声音是怎样发出来的

如果把人的发声系统比作一件乐器，那么喉就是这件乐器中起振动作用的一部分，声带大体相当于乐器的琴弦、簧片。当人单纯呼吸时，声门由前至后呈等腰三角形打开，所以尽管气流从这里通过，但由

42

于没有发声的需要,大脑不发出"指令",此时可以不发出声音。当人想要发声时,大脑发出发声"指令","指令"通过神经脉冲"传达"给喉部和呼吸器官。在喉肌的作用下,声带由半内收位置移到中线处并靠拢、拉紧,声门缩小或完全关闭。同时,储存在肺里的空气在呼气肌群的作用下受到挤压,开始向外输送,沿气管上升的气流在闭合的声门下形成压力,当这个压力大于声带闭合力时,气息便将声带冲开。在声带被冲开的瞬间,声门下的压力迅速下降,同时由于声带自身的弹力与喉肌的作用,声门回复到原先的闭合状态,声门下的气息压力又再次升高。

就这样,在气息由下向上的定向输送过程中,声带产生了开—闭—开—闭的周而复始、连续高速的运动,空气产生了疏—密—疏—密的变化,也可称为振荡,声波就此形成。人的声音就是这样发出来的。

## 第二节 朗读者常见的几种嗓音病理现象

一个人如果早晨起来常常感到声音发哑,而下午却往往没事,这种情况多数是嗓子发炎了;如果早晨起来嗓子没有任何问题,但晚上下班后却常常感觉嗓子发哑,这种情况肯定属于声带疲劳。一个人在刚开始说话或朗读时,声音就发哑,但说了一会儿后嗓音的情况有所好转,这种现象多为炎症;而有的人在刚开始说话或朗读时,嗓子挺好的,但说着说着或念着念着就感觉嗓子发哑了,这种情况多为疲劳所致。

现将人们朗读时常见的几种嗓音病理现象归纳如下:

(1)高音困难。朗读时,如果出现高音困难的情况,多数是因为声带前三分之一处有小结炎症,妨碍了声带的正常闭合。

（2）破音。破音是指在发高音或在念去声字的时候出现声音发劈的情况。这主要是因为气息控制不好，嗓子过于用劲，或者声带上有些黏稠的分泌物。

（3）朗读音不准，唱歌老走调。出现这种情况的原因，一方面是音准差，另一方面是声带闭合肌肉群与声门下气压之间平衡失调。此外，慢性咽喉炎也会造成音不准的情况。

（4）声音嘶哑。这种情况主要是声带闭合不好，发音时声带之间有间隙所造成的，但有的也可能是因为声带有慢性炎症，即我们常说的咽喉炎。此外，睡眠不好、过度疲劳也会造成声音嘶哑的情况。按照我国中医理论，声音嘶哑与人的肺和肾关系密切。中医认为，肺为声音之门，肾为声音之根。

# 第三节　朗读者嗓音保护的方法

我们所说的嗓音保护，指的是积极的保护，是在说话和语言表达实践中的保护，而不是少说话、不说话。因此，我们除了要避免用声过于追求明亮、追求虚声，防止用声偏高或偏低，以及长时间加大音量、用声时间过长，还要养成良好的生活习惯，如保证充足的睡眠，少烟酒，少食生冷油腻或刺激性的食物。当感到声带不舒服时，不要硬挺着，要及时就医。另外，女性在月经前后应尽量减少发声。

著名京剧表演艺术家梅兰芳先生曾用这样几句话概括嗓音保护的方法：

精神畅快，心气平和。

饮食有节,寒暖当心。

起居以时,劳逸均匀。

练嗓保嗓,都贵有恒。

由低升高,量力而行。

五音饱满,唱出剧情。

下面,我向大家介绍几种嗓音保护的方法。

（1）坚持锻炼身体,科学练声,科学用声,科学发声。

（2）朗读时,声音应由小到大,由弱到强,由低到高,循序渐进。特别要避免一开始朗读就嗓门过大,因为这样很容易损伤声带。

（3）注意劳逸结合,保证充足的睡眠。同时,要学会调节心理,让自己始终处于一种轻松、愉快的状态。

（4）当人生病的时候,特别是发烧、感冒时,要少朗读,必要时可以暂时噤声。

（5）当人处于变声期或者女性处于月经期的时候,切记不要大喊大叫。因为此时人的鼻、咽、声带充血,特别容易毁嗓子。

45

（6）尽量少吃刺激性的食物。烟和酒容易使人咽干舌燥,过油的食品也容易使人得咽炎。有不少人喜欢吃油饼,经常吃油饼的人易生咽炎。辣椒、芥末,冰棍、雪糕等要尽量少吃。

（7）每天早晚坚持用淡盐水漱口,可帮助消除炎症,保护嗓子。

（8）可适当服用一些中药,如胖大海、罗汉果、清音丸、喉症丸等,也可采用一些食疗的方法,如每天生吃一些白萝卜。白萝卜润肺,清咽利嗓,营养丰富,而且物美价廉。

# 第四节　朗读时常见的几种不正确的发声方法及纠正办法

**1. 喉音**

现象：朗读时，声音像闷在喉咙里，听起来沉重、生硬、缺乏弹性。

原因：朗读时，气息短浅，胸部紧张，舌根太用力。

**【纠正办法】**

（1）朗读时，要放松舌根，下腭不要太使劲，喉咙要保持松弛。

（2）两肩放松，不要压迫喉咙。同时，要注意气息的控制。

（3）用张口吸气或半打哈欠的方法体会喉咙、舌根、下腭放松的感觉。

（4）要加强唇舌力量的练习。

**2. 捏挤**

现象：朗读时，声音单薄、发扁，像从嗓子眼儿里挤出来似的。

原因：女性多出现这个问题。有些女性以朗读声音细为美，靠捏挤喉部来取得。这样的声音泛音少，单薄乏味，听起来也不自然。

**【纠正办法】**

（1）改变不正确的呼吸方式，要让声音有气息的支撑。采用胸腹联合呼吸法，使气息不要过浅。

（2）朗读时，口腔的开度要适中，不要不抬嘴皮子。特别是要把口腔中的软腭挺起来，打开牙关，这样喉咙才能打开，后声腔也就能够打开了。

（3）着重练习一些开口呼韵母的音节，这样可以增加口腔的开度。

## 3. 鼻音

现象：朗读时，鼻音特重，听起来像是得了感冒，从鼻腔中发出的堵塞的声音。

原因：朗读时，口腔的开度不够，软腭无力、下垂，造成部分气流进入了鼻腔，从而失去了部分口腔共鸣。此外，这种现象也与很多方言区的人们的发音习惯有关系，如西北方言和山西方言的鼻音都较重。

【纠正办法】

（1）关闭鼻腔通路，用半打哈欠的方法将软腭提起，放松舌根。

（2）用半打哈欠的方法发 6 个单元音 a、o、e、i、u、ü 的延长音。这 6 个元音没有丝毫的鼻音色彩。通过练习，可以体会到气流全部从口腔流出的感觉。需要注意的是，发这 6 个音时，要把字音的着力位置放在硬腭的前部。

（3）发"吭"（kēng）音练习。抬软腭，关闭鼻咽通道，然后突然打开鼻咽通道，发出"吭"（kēng）音。

## 4. 闷暗

现象：朗读时，声音沉闷，不透亮。

原因：朗读时，口腔肌肉松散无力或牙关打不开，声音在口腔中得不到充分的共鸣。此外，朗读时，发音位置靠后也容易产生这种情况。

【纠正办法】

（1）着重练习双唇音 b、p、m。这种练习可以有效地锻炼双唇的力度。练习时要特别注意，把力量集中在上唇的中央位置。

（2）多练习开口呼韵母，增大口腔的开度。

（3）朗读时，在发音部位正确的前提下，尽可能地把发音位置往前移。

47

（4）要学会窄音宽发,在不影响字音准确性的前提下,口腔的开度可稍微大一些,这样可以增强口腔的共鸣,使声音透亮。

## 5. 发散

现象:声音单薄,从口腔散出,听起来缺乏亮度和力度。

原因:朗读时,口腔前部开得过大,使整个口腔失去了相当一部分共鸣。

【纠正办法】

（1）加强双唇及舌头力量的练习,要把后声腔打开。

（2）朗读时,要对口腔前部进行必要的控制。遇到开元音 a、ai、ao 等时,a 音要发得圆一点、小一点。

（3）用连续发出 ba、da、ga 等音节的方法练习声音的集中。需要注意的是,要结合正确的呼吸方法来发音,音波要通过硬腭前端送出。

## 6. 喊叫

现象:朗读起来像喊叫,声音尖锐、刺耳、粗糙,给人以一种缺乏修养、不讲文明的感觉。

原因:有的人为了追求朗读时的高音量,有的人朗读时吸气部位太浅,全身紧张,还有的人情绪易激动,性格暴躁。

【纠正办法】

（1）吸气要深一点,呼气时要进行控制,全身要放松。

（2）朗读时,要尽可能柔和一些,在加大音量的同时,不可加强音高。

（3）用自然的中低声区发 6 个主要元音 a、o、e、i、u、ü 的延长音,发音时要注意声音尽可能的柔和。

（4）加强学习，提高修养，注意心理和情绪的调节。平时多练习一些感情色彩柔和的字词、诗歌与散文。

## 7. 虚声

现象：朗读时，声音发虚，给人以一种小声小气、矫揉造作的感觉。

原因：朗读时，声带过于松弛，且与口腔等共鸣器官配合不好。长期使用这种发声方法，声带的弹性会逐渐减弱，音域也会越来越狭窄。

现在不少女孩受一些歌星、艺人的影响，朗读时常常声音过虚、发哆，以为这样的声音才能表现出女性温和柔美、令人怜爱的一面。其实，这样的发音因为朗读时声带不闭合，带有大量气音，漏气多，音量小，而且容易出现吸气杂音，听起来很不自然。

【纠正办法】

（1）多练习一些有益于增加口腔共鸣的字音。

（2）朗读时，尽可能让声音明亮、结实。

（3）练习一些力度较大的字词或有分量的诗词，如"百炼成钢""波澜壮阔""翻江倒海""大好河山""英勇无畏""坚贞不屈""信心百倍""战无不胜"等。岳飞的《满江红》也是很好的练习材料。

### 满　江　红

怒发冲冠，凭栏处，潇潇雨歇。抬望眼，仰天长啸，壮怀激烈。三十功名尘与土，八千里路云和月。莫等闲，白了少年头，空悲切。

靖康耻，犹未雪；臣子恨，何时灭！驾长车，踏

破贺兰山缺。壮志饥餐胡虏肉,笑谈渴饮匈奴血。待从头,收拾旧山河,朝天阙。

开头五句,起势突兀,破空而来。胸中的怒火在熊熊燃烧,不可阻遏。这时,一阵急雨刚刚停止,作者站在楼台高处,凭栏远望。他看到那失掉的国土,想到了深陷水火之中的百姓,不由得"怒发冲冠""仰天长啸""壮怀激烈"。

朗读要点:朗读这几句时,要一气贯注,要把岳飞的英雄形象生动地展现出来。

接下来的四句,"三十功名尘与土",是对过去的反省,表现作者渴望建立功名、努力抗战的思想。"八千里路云和月",是说作者不分阴晴,转战南北,为收复中原而战斗。上一句写视功名为尘土,下一句写杀敌任重道远,个人为轻,国家为重,生动地表现了作者满腔的爱国热忱。"莫等闲"二句,反映了作者积极进取的精神。

朗读要点:朗读这几句时,声音要深沉凝重。

"靖康耻"四句突出全词中心。由于没有雪"靖康"之耻,岳飞发出了"心中的恨何时才能消除"的感慨。从"驾长车"到"笑谈渴饮匈奴血",作者以夸张手法表达了对凶残的敌人的愤恨之情,同时表现了英勇的信心和大无畏的乐观精神。"壮志"二句把收复山河的宏愿,把艰苦的征战,以一种乐观主义精神表现出来。"待从头"二句,岳飞在这里不直接说凯旋、胜利等,而用了"收拾旧山河",显得既有诗意又形象。

朗读要点:声音结实,明亮,有力。语势峰峰相连,扬而更扬,势不可遏。要把岳飞"精忠报国"的英雄之志,以及字里行间的雄壮之气充分地表现出来。

# 第六章

# 朗读者怎样练就
# 富有魅力的好声音

朗读是一门有声语言艺术,毫无疑问,声音的好坏直接影响着朗读的效果。斯坦尼斯拉夫斯基在《演员自我修养》中写道:"声音好!这对于演员是多么幸福的事情啊!感觉到你能控制自己的声音,感觉到它能听你使唤,它能有力地表达出创作的各种最精微的细节、变调和色彩,这是多么惬意的事情啊!……"西方经典语言艺术教程《美国播音技艺教程》也明确提出:"在有声语言中,音质是人们判断你的第一点,你的声音就是你给予听众的东西。"

但大多数朗读者可能都没有那些让人过耳不忘的好声音,因为多数人并不具备洪亮的嗓音、圆润的音质等天赋。怎么办?有没有办法改变你的音质呢?你或许可以通过学习和科学的训练来改善说话的嗓音,至少能让自己朗读时的声音听起来舒服、悦耳一些。

# 第一节 朗读好声音的标准是什么

那些艺术大家和优秀朗读者的朗读,常常会让我们觉得如春雨般朗润,如清溪般明澈。他们把文章诗词里的真情提炼成了天籁,赋文字以别样的韵味,予作品以另外的诠释。

我认为,朗读好声音的标准应该是这样的:

准确规范,清晰流畅;

圆润集中,朴实明朗;

刚柔并济,虚实结合;

色彩丰富,变化自如。

准确规范,清晰流畅。我们说的是汉语普通话,所以语音必须准确规范。在朗读时,我们的吐字一定要清晰、准确,但不能"蹦字",即不能把汉字一个一个地往外蹦。朗读时的字音听起来要如潺潺溪水,迂回向前。

圆润集中,朴实明朗。这是我们在朗读时对声音色彩的基本要求。声音要润泽,不干涩;吐字要颗粒饱满,声音不散,字音不扁。朗读时的声音不仅要朴实,而且要明朗,使人听起来感觉愉快、轻松。

刚柔并济,虚实结合。由于性别和性格的差异,男性声音偏刚健,女性声音偏柔美,如果两者颠倒了,就会使人感觉不舒服。但无论是男性还是女性,都不能一味地刚或一味地柔,因为"刚过则直,柔过则糜"。有的人朗读时为了追求声音的明亮,过多地采用实声,听起来感觉很笨拙,不能很好地表达细腻的情感;有的人朗读时为了追求声音的柔美,过多地使用气声,听起来感觉很虚假。所以,我们的用声追求是:刚柔并济,虚实结合。

色彩丰富,变化自如。声音色彩是我们随着朗读内容的发展而运动变化着的情感的外衣。声音色彩犹如画家的调色板,其层次越丰富、细致,就越能传情达意,越有表现力和感染力。感情色彩的变化是无穷的,所以我们的声音色彩的变化也是无穷的。

53

# 第二节　了解你的声音

## 1. 声音的特性

（1）音高

音高是指声音的高低。它主要取决于发声体的振动频率,也就是每秒钟振动的次数。单位时间内振动次数多,频率高,声音就高;单位时间内振动次数少,频率低,声音就低。频率的单位叫赫兹,通常写作 Hz,简称赫。(广播发射频率单位千赫、兆赫即由此而生)

每个人的发音器官都有自己的特点,每个人的音域也有所不同。一般人的音域范围均为一个半到两个八度,这个音域范围就叫作自然音域。汉语是声调语言,每个字音都有其固有的升降曲直的音高变化形式。在语言表达中,每个句子还有语调的音高变化。所以,我们要注意和处理好字调与语调的关系。一般来说,字调的音高变化幅度要符合语调升降的要求,句子重音的声调跨度可以大一些,其他非重音部分的声调跨度则可以小一些。

(2)音强

音强是指声音的强弱。一定频率声波的强度取决于它的振幅。振幅越大,声音越强;振幅越小,声音越弱。振幅的大小是由发声体振动的外力大小决定的。比如敲鼓,鼓手用力大,振幅大,鼓声就强;鼓手用力小,振幅小,鼓声就弱。强度级的使用单位是分贝,用 dB 表示。人们从大声呼喊到正常说话再到沉声静气地说话,其强度范围可以从 85 分贝到 65 分贝再到 45 分贝。耳语时的平均强度还要降低 20 分贝左右。即使我们正常地说话,强度也是有变化的。一般来说,话语中的音节里,元音比辅音的强度高,宽元音比窄元音的振幅大得多。

随着科学技术的进步,运用现代化的传声设备早已不仅仅是播音员、主持人、影视演员的专利,越来越多的普通人也有机会运用现代化的传声设备来发言、演讲、朗读、朗诵。当我们面对话筒朗读时,话筒与嘴的距离要控制在一尺左右,不要太近,也不要太远。同时,用声音量的变化幅度不能太大,否则会影响声音的清晰度。特别要注意,尽量避免猛然加大说话时的音量,以防话筒爆出强烈的噪音。声音也不要忽然变小,因为这样会使听者感到听起来很费劲。词语上的强弱变化要与音节的长短变化相结合,不要一味地加大音量或减轻音量。

（3）音色

音色是指声音的独特品质和个性。在朗读中,音色包含两方面的含义:一是区别不同的音素（音位）,如 a 与 i 具有不同的音色;二是指不同的声音色彩,如每个人因发音器官构造不同而形成的不同音色。

人们在朗读时不仅要学会发出虚实结合、柔和圆润的声音,还要学会改变声音色彩,以适应不同朗读内容、朗读对象、朗读环境的要求。男性的声音不宜太刚,女性的声音不宜太柔,要刚柔并济,虚实结合。

（4）音长

音长即声音的时值。它取决于发声体振动的持续时间。在朗读中,音长通常指音节的长短。它是组成言语节奏的重要因素。音长的变化直接影响言语的速度。现代汉语普通话每个音节的音长一般为 0.2～0.4 秒。

从声音特性的角度看,音色与音长、音强等特性的组合,在听觉上形成辅音和元音;音高与音长、音强等特性的组合,在听觉上形成声调和语调;而音色、音高、音长、音强的组合,则在听觉上形成语气

55

和节奏。

　　人们在朗读时的语言速度一般会比生活用语略慢一些,音节的长度也会长一些。但加长的部分不可平均分配在每个音节上,而应重点表现在语句重音和重点语句上。实际上,句子重音的强调主要不是表现在音量的加大上,而是表现在音时的延长上。

**2. 嗓音的科学训练**

　　我们已经知道,由声带振动所形成的原始声音,即喉原音,与最终说出的话,即有声语言之间,存在着类似于原材料和制成品的关系。喉原音的质量好坏直接影响着发声的最终效果。为了使嗓音达到纯净、持久、丰满和富于变化的效果,我们需要在喉部放松的状态下,对嗓音进行科学的训练。

　　(1) 朗读时喉部为什么要放松

　　我们在朗读的时候,两声带不是紧密闭合的,而是轻松靠拢的,即喉部是放松的。喉部放松,是正常朗读时的基本状态。只有喉部放松了,声带才能自如地振动,发出泛音丰富的悦耳的声音。如果喉部用力,两声带紧紧闭合,发出的声音就比较硬,声带也容易疲劳。也就是说,当我们朗读时,喉部越用力,发出的声音就越暗涩、难听。

　　(2) 怎样才能使喉部放松

　　① 在吸气的状态下发音

　　张嘴吸气,此时两条声带是轻松张开的,喉部有上下松开的感觉。朗读时要尽量保持这种状态,这样可以使两条声带不是紧紧闭合,而是轻松靠拢的。通过这种方法,我们不仅不会感到喉部紧张或受到挤压,还能够长时间地发出圆润的声音而不感觉疲劳,音色比较丰满、柔和,声音通畅,变化自如,富于弹性,亲切自然。

② 气泡音练习

声门闭合,气流从中均匀通过,发出一连串气泡似的声音。此时,两条声带相互靠拢,声音明亮。气泡音练习可用于朗读前的准备活动和朗读后的嗓音恢复。

(3) 扩展音高、音域的训练

① 螺旋式上绕、下绕练习

用 a 或 i 音,从朗读的自然音高中的某一个音开始,持续发音,逐渐"环形上绕",即向高音扩展,而后再由刚才达到的力所能及的高音逐渐"环形下绕",周而复始,循序渐进。

② 阶梯式升高、降低练习

用单一元音或单一音节,从朗读的自然音高中的某一个音开始,一次次地接连发音,一个音阶、一个音阶地逐次升高或降低。练习时要注意分辨说和唱的区别,避免发出唱声。之后可发展为语句练习。

(4) 扩展音量变化能力的训练

设想不同的听众人数和不同的交流距离,采用不同的朗读方式进行训练。

(5) 声音色彩对比变化的训练

人们的日常用声多在自然音域内。发音时声门紧密闭合,声带振动发出的是乐音性质的明亮实声;声门轻松闭合或半闭合,声带振动以乐音成分为主,也带有部分气流摩擦音,发出的便是柔和的虚实声;声门开度略大,声带振动的乐音成分小于气流摩擦音,称作虚声;发音时声带不振动,则完全是气流摩擦音,这是耳语时的发音状态,

57

也称作气声。至于假声,多为歌唱演员和京剧中的小生、青衣、花旦所用,这里不多作介绍。

我们朗读时想要表达的内容和思想感情是丰富多彩、千变万化的,因此我们朗读时的声音也应该有与之相适应的色彩变化。声音色彩变化最主要的表现为虚实变化。丰富的虚实变化与多层次的音高、音量、音长的变化相互配合,便形成了多姿多彩的声音样式。

多姿多彩、虚实变化的音色可以通过以下方法获得:

第一步:在音高、音量比较自然和"宽窄"适度的情况下,发出实声的 a 或 i 的长音。

第二步:基本状态不变,只稍稍放松力气,在带有少许"回音"感的情况下再次发音,此时便是"以实为主,虚实结合,多姿多彩"的基本音色。

在取得基本音色的确定印象之后,再进行多层次的虚实对比变化练习。

① 单元音对比。如:

a(实)→ a(虚)            i(实)→ i(虚)

a(虚)→ a(实)            i(虚)→ i(实)

② 词语对比。如:

大海(实)→ 大海(虚)        高山(实)→ 高山(虚)

大海(虚)→ 大海(实)        高山(虚)→ 高山(实)

③ 古诗词对比。如:

月落　　乌啼　　霜　　满天,

(实)→(虚)→(实)→(虚)

江枫　　渔火　对　愁眠。

（虚）→（实）→（虚）→（实）

姑苏　　城外　寒　山寺，

（实）→（虚）→（虚）→（实）

夜半　　钟声　到　客船。

（虚）→（实）→（虚）→（实）

# 第三节　美化你的声音

我们每个人的嗓音条件都有很大的先天遗传成分，这也就是有的人说话好听，有的人说话不好听的部分原因。发音器官是父母给的，是天生的，我们无法改变，但如果我们掌握了美化声音的方法，那么经过科学的训练，我们的声音也是可以改善的。而学会使用共鸣，调节共鸣，便是美化声音的一种重要方法。

## 1. 共鸣器官

共鸣器官主要是指喉腔、咽腔、口腔、鼻腔、头腔和胸腔。

（1）喉腔

喉腔是指位于声带与假声带之间的喉室和位于假声带之上的喉前庭。喉腔虽然容积小，却是喉原音发出后经过的第一个共鸣腔体。

（2）咽腔

咽腔也叫咽管，是个前后稍扁的漏斗状肌管。咽腔的容积比喉腔大了许多，管子较长，后咽壁附于脊椎，上起颅底，下连食道，前咽壁分别与鼻腔、口腔和喉腔相通。

59

（3）口腔

口腔是构造最复杂、动作最灵活的腔体,既能上下开合,又能因舌形的变化而改变形状。口腔的前面有两道可开闭的门户,即上下齿和上下唇;口腔的里面有硬腭和舌头;口腔的后上方又有软腭这扇可以上下开合的"门"。

（4）鼻腔

鼻腔由鼻中隔分为左右对称的两部分,底部是硬腭,外面是鼻甲。鼻腔前方由鼻孔与外界相通,是除了口腔以外的呼吸的另一条通道。

（5）头腔

在鼻梁顶端、眉心的后面,向脑后延伸着一个空腔,位于上口盖和鼻腔之间,像一个"倒悬"的瓶子,这就是我们在发声时获取头腔共鸣的主要腔体。

（6）胸腔

简单地说,我们可以把胸腔看作是由肋骨支撑的胸廓。胸腔的容积在所有共鸣腔体中是最大的。因此,胸腔对低频声波的共鸣作用非常明显。

**2. 各个共鸣器官的作用**

（1）喉腔

声带振动发出的喉原音,首先经过的就是喉腔。喉腔也是声音的第一个共鸣腔体。如果我们在朗读时太使劲,喉腔将会受到挤压,原始的共鸣就得不到充分的发挥,声音会"发横",从而影响整体发音质量。

（2）咽腔

咽腔是声音必经的共鸣腔体。咽腔对扩大和美化声音起着重要的作用。要想充分发挥咽腔的共鸣作用,咽腔的管道必须是通畅的,因此咽腔的后壁要直,不能弯曲。我们朗读时应该挺胸抬头,挺直腰板。因为,挺直腰板可以带动咽腔后壁的直挺,有利于声音的扩大和美化。

（3）口腔

口腔共鸣对于朗读和声音的美化极其重要。如果口腔不能正常地活动,我们就不可能说话,也不可能发出优美动听的声音。口腔的前部和上壁是由上齿龈、硬腭、软腭构成的,口腔的硬腭和上齿龈的中部区域是我们说话时口腔感觉最主要的区域,这个区域对声波的折射不仅能使声音更加集中,还会增加声音的明亮色彩。口腔共鸣能够使我们朗读时声音明亮、结实,字音圆润、清晰。需要说明的是,口腔共鸣是在朗读的过程当中进行的,它不能脱离朗读而单独存在。口腔共鸣强调要打开牙关,提起颧肌,挺起软腭,放松下巴,简称"打提挺放";同时强调各咬字器官的力量集中,尤其是唇、舌力量的集中。

61

（4）鼻腔

鼻腔也是朗读时的一个共鸣腔体。鼻腔的共鸣作用通过以下几种方式实现:

① 在发鼻辅音时,口腔通道被阻断,软腭下垂,声音完全通过鼻腔透出。

② 正常朗读时,软腭要上提,但不要完全阻塞鼻腔的通道。要

让大部分声音经过口腔,小部分声音则沿着后咽壁传到鼻腔,产生微量的鼻腔共鸣。这种微量的鼻腔共鸣,能够使声音柔和而有光彩。

(5)头腔

相对于其他共鸣腔体来说,头腔因空间体积较小,不仅易于形成共鸣,而且这种共鸣会传得很远,共鸣效果明亮、集中、结实,富有穿透力。

(6)胸腔

朗读时,如果把手放在胸前,多少都会感觉到胸部在振动。声音越低,振动感就越明显。当然,男性的感觉会比女性更强一些。胸腔共鸣对语音并没有什么影响,却能够使我们朗读时的声音听起来浑厚而有力。

### 3. 朗读时的共鸣追求

(1)声音的美化是在保证字音清晰前提下的美化

① 以口腔共鸣为主。因为各种不同的字音都是在口腔内形成的,只有把朗读时的吐字和口腔共鸣相结合,才能够保证字音的清晰。

② 共鸣要适当。共鸣固然很重要,但并非共鸣越多、越强就越好。如果共鸣过多过强了,朗读时会产生"音包字"的现象,会影响字音的清晰。

(2)声音的美化应建立在自然、大方的基础上

① 灵活运用各种共鸣的比重。我们要根据不同的朗读对象、朗读内容、朗读场合,灵活运用不同的共鸣方式。比如,我们是一个人朗读,还是和一群人朗读;我们是在朗读一件轻松、愉快的作品,还是

在朗读一件严肃、郑重的作品。但无论面对什么人,朗读什么作品,我们都不能有任何的矫揉造作,自然、大方才是运用共鸣的基础。

② 善于运用胸腔共鸣。胸腔共鸣具有浑厚、结实、有力的特点。朗读时,我们的声音大多是有胸声色彩的,这一点对于男性来说尤其重要。男性朗读时,声音如果缺乏胸声色彩,就会显得轻飘飘的,缺乏分量。

③ 有一点微量的鼻腔共鸣。朗读时,如果略带一点鼻腔共鸣,不仅会使我们的声音柔和而有光彩,而且能够省力。

④ 头腔共鸣往往容易被忽略,因为我们在平时说话时很少用到,但是在进行朗读或朗诵时,头腔共鸣会发挥重要的作用。

**4. 运用共鸣时常出现的问题**

（1）喉腔

当喉头在一定幅度内降低时,声道就会变长,这会有利于低泛音的共鸣;当喉头在一定幅度内升高时,声道就会变短,这会有利于高泛音的共鸣。为了加强喉腔的共鸣,有些初学者在朗读时有意识地让喉头过多地上下活动,这很容易引起喉部肌肉疲劳,不仅消耗了大量的喉部肌肉能量,对喉腔本身也是有害的。所以,我们朗读时,喉部要基本上保持稳定,不要上下乱动。

（2）咽腔

挺胸抬头,挺直腰板,有利于发挥咽腔的共鸣作用,但我们不能故意地去挺胸,头也不宜抬得过高。相反,下巴还要适当地降低一些,胸部也要放松一些,同时吸气不要过满,因为气吸得过多往往容易造成胸廓的僵硬,使声音有一种太闷的感觉。

（3）口腔

有的人为了得到更多的口腔共鸣,朗读时咬着槽牙,僵着下颌,这种状态是不正确的。正确的方法是:朗读时,应当适当地打开后槽牙,使上下槽牙之间有一定的距离(当我们在嚼口香糖时,能够感受到这个距离);同时,下颌活动要灵活,千万不要咬着牙关去发音,只有这样才能增大口腔的共鸣腔体,取得较丰富的口腔共鸣。

（4）鼻腔

前文曾说过,微量的鼻腔共鸣会使我们的声音柔和而有光彩,但是鼻腔共鸣色彩一定不能过多,多了就容易出现"囔鼻音"。

（5）头腔

由于头腔共鸣与鼻腔共鸣关系密切,不少人在练习时往往把两者相混淆,以致头腔共鸣带有更多的鼻腔共鸣色彩。

（6）胸腔

胸腔共鸣能使声音浑厚、结实、有力,但胸腔共鸣的运用也要适度。过多的胸腔共鸣不仅会使声音变得沉闷,还会影响字音的清晰度。

## 5. 美化声音的共鸣训练法

练习中要注意掌握发音共鸣的总体感觉:

气息下沉,两肋扩张,喉部放松,胸部不僵,声音像一条弹性带,从小腹拉出垂直向上,经口咽部向前,沿上腭中线前行,"挂"于硬腭前部,透出口外,声音通透。

（1）口腔共鸣训练

双唇用喷法,舌尖用弹法。发音时,要有意识地集中一点发,像子弹一样从嘴里喷射出来,击中一个目标。需要注意的是,此时鼻腔要关闭。

① 单元音练习

用中音区的音高发 6 个单元音 a、o、e、i、u、ü 的延长音,体会口腔共鸣的声音色彩。

② 唇齿贴近,提高声音明亮度

发音时有翘唇习惯的人,音色大多较暗且浑浊。可以用收紧双唇,使其贴近上下齿的方法来改善共鸣。发含有 i、u、ü 的音,体会唇齿相依。

③ 嘴角略微上抬,消除消极音色

有的人发音时习惯于嘴角下垂,不积极。可以用"提颧肌"的方法,嘴角略微上抬,使声音色彩变得欢快、积极、明朗。

④ 改善 ü、u、o 的音色

许多人在发含有 ü、u、o 音的字词时,嘴唇突起过长,致使音色过暗、沉闷。可以用唇齿靠近的方法,减少突起,使音色得到改善。

(2) 鼻腔共鸣训练

① 通过辅音 m、n 开头的词来体会鼻腔共鸣

| | | |
|---|---|---|
| 妈妈(māma) | 买卖(mǎimai) | 茂密(màomì) |
| 密谋(mìmóu) | 秘密(mìmì) | 泯灭(mǐnmiè) |
| 满门(mǎnmén) | 弥漫(mímàn) | 渺茫(miǎománg) |
| 命名(mìngmíng) | 蒙昧(méngmèi) | 米面(mǐmiàn) |
| 奶奶(nǎinai) | 牛年(niúnián) | 拿捏(nániē) |
| 农奴(nóngnú) | 女奴(nǚnú) | 袅娜(niǎonuó) |

65

| 恼怒（nǎonù） | 泥泞（nínìng） | 奶娘（nǎiniáng） |
| 南宁（nánníng） | 能耐（néngnai） | 男女（nánnǚ） |

② 减少鼻音色彩

用手捏住鼻子，通过下列词来检查是否鼻音过重。如果鼻腔从发元音开始就震动，表明鼻音过重，应减少鼻音。需要注意的是，发音时软腭不可下降过多。

| 渊源（yuānyuán） | 湘江（xiāngjiāng） | 间断（jiànduàn） |
| 黄昏（huánghūn） | 光芒（guāngmáng） | 牵强（qiānqiǎng） |
| 中堂（zhōngtáng） | 中央（zhōngyāng） | 荒凉（huāngliáng） |
| 宽广（kuānguǎng） | | |

（3）头腔共鸣训练

① 从生理构造看，头骨里空的窦穴与鼻腔相通，这些窦穴口能够张开或闭合。窦穴口张开时，窦穴里的空气便与鼻腔里的空气相通。我们发声时，只要使窦穴口张开，鼻腔里的共鸣音响便可通过空气传导作用，引起窦穴的小空腔产生高音频共鸣"泛音"音色。我们可先使声音在鼻腔共鸣，然后通过吸气的方式使声音向后向上扩张，使头腔内有一种充满声音或声音膨胀的感觉，即"打开头腔"的感觉。

② 我们可用哼鸣音来找到头腔共鸣。哼鸣音是通过鼻子轻哼而产生的声音形象，类似于病人用鼻子呻吟的声音。练习哼鸣音时，气息力度一定要"轻"，口腔、咽腔一定要"松"，鼻腔最好不用力。在这种状态下形成的声音，感觉是从头部的眉心部位发出的。

（4）胸腔共鸣训练

胸腔的空间及共鸣作用都很大，发出的声音既有深度，也有宽

66

度。声音听起来浑厚、有力，让人感觉庄重、深沉、真实、可信。

① ha 音练习

用较低的声音发 ha 音，声音不要过亮。此时的声音是深厚的，感觉是从胸腔里发出的。

② a 音练习

通过含有 a 音的词来体会胸腔共鸣。因为 a 开口度大，容易产生胸腔共鸣。

暗淡（àndàn）　　反叛（fǎnpàn）　　散漫（sǎnmàn）

达到（dádào）　　告白（gàobái）　　海港（hǎigǎng）

# 第四节　朗读的声音应该具有弹性

朗读时，我们的思想、情感，我们朗读的内容、对象与场合都是在变化着的。这就要求我们的声音也不能是一成不变的。即使你拥有非常好听的声音，也是应该变化的。这种声音的变化，是可以通过对声音的控制和调节来实现的，它也可以称为声音的弹性。

"弹性"这个词来自物理学。在物理学中，一个物体只有具有了柔韧性才可能有弹性。如果一个物体没有柔韧性，只是硬邦邦的，就很难具有弹性。比如，钢铁是硬邦邦的，因此它缺乏弹性，而橡皮是柔韧的，因此它富有弹性。我们的声音也是如此。要想使声音具有弹性，我们必须训练声音的柔韧性和可变性。一般来说，我们需要训练声音的高与低、强与弱、实与虚、快与慢、松与紧的变化。

67

## 1. 高与低的变化

高与低的变化主要表现为声音的音高变化。它主要与人在朗读时的感情变化、情绪变化、兴趣变化有关。当遇到积极的感情色彩，如激动、紧张、喜悦、亢奋等，声音呈升高趋势；当遇到消极的感情色彩，如安静、思考、悲伤、痛苦、忧愁等，声音则倾向于低沉。高与低的变化主要包括有层次的高低变化和明显对比的高低变化。例如：

（1）有层次的高低变化

（高）床前明月光，（次高）疑是地上霜。（次低）举头望明月，（低）低头思故乡。

（低）它轻轻扇动翅膀飞起来，（高）越飞越高，（更高）越飞越高。

（2）明显对比的高低变化

（高）对面是高耸入云的大山，（低）脚下是波涛汹涌的急流。

（高）孩子们有的在跑，（低）有的在休息。

## 2. 强与弱的变化

68     强与弱的变化主要表现为声音的音量变化。坚定、有力、激昂的感情色彩通常表现出较强的音量，而软弱、无力、消沉的感情色彩通常表现出较弱的音量。一般来说，强往往与高音和明亮的音色相联系，弱则往往与低沉和暗淡的音色相联系。例如：

他的心怦怦地跳着。（"怦怦"较强）

（弱）他暗自下定决心，（强）我决不能那样做！

（弱）第一锤打下来，他的双手感到有些震动。（增强）第二锤，震得他虎口发麻。（强）第三锤打下来，他整个身子都弹了起来。

## 3. 实与虚的变化

实与虚的变化主要表现为声音音色的明暗变化。实声声音响亮扎实,虚声声音柔和,常伴有呼气声。例如:

(1) 实声

那是力争上游的一种树,笔直的干,笔直的枝。它的干呢,通常是丈把高,像是加以人工似的,一丈以内绝无旁枝。它所有的丫枝呢,一律向上,而且紧紧靠拢,也像是加以人工似的,成为一束,绝无横斜逸出。它的宽大的叶子也是片片向上,几乎没有斜生的,更不用说倒垂了;它的皮,光滑而有银色的晕圈,微微泛出淡青色。这是虽在北方的风雪的压迫下却保持着倔强挺立的一种树。哪怕只有碗来粗细罢,它却努力地向上发展,高到丈许,两丈,参天耸立,不折不挠,对抗着西北风。

(2) 虚声

像柳絮,像飞蝶。情绵绵,意切切。我爱这人间最美的花朵,白雪飘飘,飘飘白雪。

## 4. 快与慢的变化

快与慢的变化主要指发音的速度变化。发音的速度变化可以形成声音的节奏。节奏之中通常包含多种声音要素的变化,如强弱、高低,其中速度变化引起的节奏最容易让人感觉到。发音速度慢给人以松弛、平和之感,发音速度快则使人感到匆忙、紧张。例如:

(1) 不同语句的快慢变化

(慢)他慢慢站起来,轻轻掸了掸身上的土,缓缓朝村边的树林走去。

（快）他赶紧躲向路边，但飞驰而过的汽车还是溅起无数泥点打在他身上。

（2）一段话中不同语句的快慢变化

（慢）一望无边的草原上，只有羊群在静静地吃着草。（渐快）突然，天边出现一团乌云。紧接着，雷声大作，雨点噼里啪啦地掉了下来。

（快）他匆匆跑上楼，用力拉开房门，（渐慢）只见孩子正在床上甜睡着，他一颗心才算落了地。

## 5.松与紧的变化

松弛的发音使人感觉舒服、随意，紧凑的发音则使人感觉正式、严肃。例如：

（松）咱们随便聊聊。

（松）吃了吗？

（松）近日还好吗？

（紧）现在开始开会。

（紧）我现在就自己近日工作的进展情况向您汇报。

以上各种声音的变化都是单一声音要素的对比变化，也是最基本的声音弹性变化，在我们朗读的句子上表现较为明显。当我们表达复杂语句时，声音还有刚与柔、纵与收、厚与薄、明与暗等变化。

# 第七章

# 朗读的呼吸控制

　　自古以来,中国人就认为,无论是自然界的山水还是人本身,都与"气"有着密切的关系。实际上,我们朗读时呼出的气息就是发声的动力,声音的强弱、高低、长短,甚至共鸣都与呼出气息的速度、流量、压力、大小有着直接的关系。气流的变化,关系到声音的响亮度、声音的清晰度、音色的优美圆润、嗓音的持久和耐力。早在中国古代,就有人在研究和总结唱歌的方法时注意到了气息的作用。唐代的段安节在《乐府杂录》中说:"善歌者,必先调其气,氤氲自脐间出,……既得其术,即可致遏云响谷之妙也。"这段话的意思是,会唱歌的人,首先要学会运用气息,气息要从丹田发出,……谁掌握了这种方法,谁的声音就将具有极强的感染力。

　　唱歌需要调整气息、运用气息,朗读也是如此。我们只有学会运用和控制气息,才能够掌握自己的声音。

　　可能有些人会问:朗读有这么难吗? 朗读一定需要训练气息吗? 是不是中国的朗读才这样,没听说过国外有这样的说法呀? 其实,朗读需要训练气息并不是中国才有的,国外把气息在语言表达方面的重要性看得更重。《美国播音技艺教程》在分析声音不好的原因时指出:"不良的呼吸控制常常是不悦声音的根源","改善你声音的第一步是学会正确的呼吸","以横膈膜来(控制)说话"。

　　既然呼吸对人的语言表达这么重要,那么什么是正确的呼吸方法呢? 怎样才能学会和掌握正确的呼吸方法呢? 什么是横膈膜? 又该怎样以横膈膜来(控制)说话和朗读呢? 要了解和掌握这些知识与技能,我们首先还是来认识一下我们的呼吸器官吧。

# 第一节　我们的呼吸器官

我们的呼吸器官主要由肺、胸腔和横膈膜三部分组成。肺分左右两侧，横膈膜在肺的下面，横膈膜以上便是胸腔，横膈膜以下是腹腔。

## 1. 肺

肺是由含有许多弹性纤维的上皮组织组成的。肺里面都是空的肺泡，形状就像海绵一样。肺的上端是气管，和口鼻腔相连接。吸气时，肺的容积增大，肺里的气压低于大气的压力，空气就通过口鼻、气管吸入肺里。呼气时，肺的容积缩小，肺里的气压高于大气的压力，气息就从肺里呼出体外，这被呼出体外的气息就是我们说话发声的动力。

## 2. 胸腔

胸腔的外面是胸廓，胸腔的下面是横膈膜。胸廓就像一个笼子，它后面的中间立着脊柱，前面的中间是较短的胸骨，从脊柱两侧伸出12对弓状的肋骨弯至胸前。吸气时，肋骨向上、向外扩张，胸腔因此增大。呼气时，肋骨回到原位，胸腔因此缩小。

## 3. 横膈膜

横膈膜位于肺的下面，是一层富有弹性的膜状肌肉。横膈膜把胸腔和腹腔隔开。吸气时，横膈膜收缩，下降，使胸腔上下扩张。呼气时，横膈膜放松，上升，并恢复常态，胸腔也随之上下缩小。横膈膜的上下移动，对呼吸量的增加起到了重要的作用。

# 第二节　朗读对气息的要求

　　除了日常的简单聊天以外，无论是朗读、朗诵，还是其他语言艺术表达形式，我们都需要较为充足、稳定的气息作支撑。而且，要能根据语言表达的需要及时地换气和补气，随时对气息进行控制和调整。一般来说，在较为正式的场合，我们在朗读一段较长的作品时，需要具备以下几种运用、控制气息的能力：

**1. 有较持久的气息控制能力**

　　当我们朗读几分钟、几十分钟，甚至更长时间的文章作品时，而且这种朗读还不是小声的耳语，它需要一定的气势，要求声音从始至终都保持一定的力度，不衰不减，从容不迫，这就要求我们对气息有较持久的控制能力。如果我们不具备这种能力，就会造成刚开始朗读时还比较从容、有力，但越朗读声音越弱，越朗读气越不足，甚至出现朗读到最后声嘶力竭的情况。

**2. 保持较稳定的气息压力**

　　我们在日常聊天时，往往刚开始气总是呼出得较多，但到后面就渐渐弱下来了。这种朗读用气的方法在正式场合是行不通的。在较为正式的场合朗读时，应该根据朗读的内容和时间的长短来调整气息压力，做到需要强时则强，需要弱时则弱，并且能够始终保持较稳定的气息压力，绝不能气息忽强忽弱，声音忽高忽低。

**3. 把呼气的时间拉长，并根据需要及时地换气和补气**

　　日常聊天大多句子结构简单，语句也比较短，间歇很多，自然的气息呼吸运用就足够了。但在较为正式的场合念文件和朗读文章时,日常的气息运用就无法满足需要了。因为要想把每句话说得完整而有层次,就必须按照句子的结构来用气,不能因为气息不够就停下来吸气,破坏语句的完整性。这就需要我们训练呼气的持久性,并且学会在念较长语句时换气、补气的技巧。

**4. 朗读时无声地吸气**

随着科学技术的发展和普及,使用麦克风说话早已不是播音员和主持人的专利。许多人都有过面对麦克风说话的经历,这就需要我们学会无声吸气的技巧。因为朗读时,麦克风离我们的嘴比较近,而麦克风的灵敏度又比较高,一旦吸气时有杂音,不仅会使听者产生厌烦的情绪,还会给听者留下朗读者缺乏修养、不拘小节的不良印象。

# 第三节　朗读需要掌握怎样的呼吸方法

日常聊天时,我们不需要掌握特别的呼吸方法,用平常的、自然的呼吸方法就可以了。但在朗读或朗诵时,我们必须学会有控制的胸腹联合呼吸法。胸腹联合呼吸法就是朗读者需要学会和掌握的正确的呼吸方法。胸腹联合呼吸法的要求是:吸气时,口鼻同时进气,把气深吸至肺的底部,横膈膜要下降,两肋同时向外侧扩张,此时我们会感到腰部发胀,腰带绷得很紧,但是小腹不能往外挺,而应是逐渐收缩的状态;呼气时,小腹要保持收缩的状态,以维持两肋的扩张,气息随着朗读的进行过程缓缓地呼出,随后小腹逐渐放松,但仍应保持收住的感觉。

在我国传统的声乐发声训练中,小腹被称为"气根",也就是我们经常听到的"丹田气",古人把脐下三指处称作丹田。

总的来说,胸腹联合呼吸法的特点是:气下沉,两肋开,小腹收。在学习胸腹联合呼吸法时,常常出现的问题是:有些初学者在吸气时,为了让小腹收住,有意识地使腹部瘪缩。这种方法是错误的,因为这样做会把腹腔内的器官挤到腹部的上面,从而阻碍了横膈膜的下降,不仅没有把气息沉下来,反而使气息吸到了上胸部。判断这种错误的方法是:如果你发现吸气时两肩上耸,这就表明气没有沉下去,而是被吸到上胸去了。

掌握了胸腹联合呼吸法,不仅能使我们朗读时的声音圆润明朗、刚柔并济,而且十分有利于喉部的健康。

另外,在朗读较长的句子时,我们要学会及时地换气和补气,让气息始终处于比较饱满的状态。换气和补气的过程是:吸气时,由于小腹收,两肋开,胸廓处于适度扩张的状态,就像一个打满气却有出口的皮球;呼气时,随着气息的呼出,小腹和两肋逐渐地松下来;当需要换气和补气时,小腹一收,两肋同时张开,气息便自动地经过口鼻而得到补充。

## 第四节　怎样学会和掌握正确的呼吸方法

胸腹联合呼吸法与我们日常聊天时呼气、吸气的状态是不同的,这就要求我们经过科学的训练,建立起新的呼气、吸气的习惯。刚开始训练的时候,我们可能会感到上身紧张、两肋发酸,但没有关系,这是因呼吸器官由日常较为缓慢的一松一紧,变为积极的持续紧张所造成的。经过一个阶段的练习,这些不适就会消失。

**1. 呼吸肌的训练**

呼吸肌的力量和灵活程度,是使呼吸达到新的状态所要求的物质条件。在呼吸肌的训练中,日常生活中得不到充分运动的肌肉,如腹肌、横膈膜,都应列为训练的重点。

（1）腹肌的训练

① 腹肌爆发力的训练

仰卧起坐:仰卧,将双手放在头下,上半身抬起。每天连续做 30 至 50 个。

团身起坐:仰卧,将双手交叉于胸前,双脚收回,膝弯曲至 90 度,骨盆前倾,使腰底部平贴于地面,保持骨盆前倾的姿势;5 秒钟后慢慢团身向上抬起,直至肩胛骨离开地面,再稍稍抬高一些,此时呼气,不要完全坐起来;保持此姿势 5 秒钟,然后在 5 秒钟内缓慢躺下,恢复预备姿势,同时吸气。需要注意的是,腹肌用力收缩时呼气,腹肌放松时吸气。每次做 5 遍,每天做 3 次。

② 腹肌弹性的训练

用腹肌爆发弹力将气集中成束,送到口腔前部,口腔舌位可以用以下 3 个音来配合:哈（hā）、嘿（hēi）、嗨（hāi）。刚开始,要一声一声地发,注意舌根、下巴均需放松,软腭要上挺,后咽壁也要收紧挺直,发出的声音要有力度。当有了一定的基础后,就可以连续发这几个音了。

77

③ 腹肌灵活性的训练

肩肘倒立,两腿在空中像蹬自行车一样交替屈伸;肩肘倒立,两腿伸直,像挂钟一样左右交叉摆动。

④ 腹肌与呼吸、发声主动配合的训练

坐在硬椅子前端,双腿伸直。上身后仰吸气时,腹肌或放松,或稍稍绷紧;上身前倾呼气时,腹肌要有意识地收缩。

(2) 横膈膜的训练

① 横膈膜的弹发训练

横膈膜的弹发训练是在传统的横膈膜锻炼方法"狗喘气"的基础上改进得到的。与"狗喘气"不同,横膈膜的弹发训练要求:吸气时,变开口为闭口,这样可以减轻气流对嗓子的冲击;呼气时,变无声为有声,在呼气的同时发"嘿"(hēi)音。

② 喊操口令

一口气弹发 1,2,3,4,换气后接着喊 2,2,3,4,再换气,接着喊 3,2,3,4,再喊 4,2,3,4。需要注意的是,吸气时,横膈膜要收缩,下降,呼气和喊口令时,横膈膜要有意识地弹发,口令要喊得饱满、干脆、有力度。

**2. 胸腹联合呼吸法的训练**

(1) 慢吸慢呼

① 吸气深,呼气通畅。直立站稳,双目平视前方,头不要偏,两肩要放松,像闻鲜花一般从容地吸气。此时,你会觉得两肋打开,皮带胀满,腰部充满了气息。感觉到气入丹田了,保持数秒后,再轻缓地呼出。

② 吸气深,呼吸均匀。用慢吸慢呼的方法发单元音 ɑ 的延长音。声音逐渐由小到大,由低到高,由近到远,由弱到强。气息要畅通自如,下腭、舌根不紧张,喉部放松,使气息集中打到硬腭前发出声音,此时的声音应该是自己感觉最舒服的声音。

③ 吸气深,呼气灵活。数数练习:吸气时要慢,吸至八成满后开始呼气;呼气时数 1,2,3,4,5……,数数的速度要慢,吐字要清晰,嘴上用力,不紧张,不憋气;发出一个音后,马上闭上声门,不要跑气和换气。需要注意的是,数数时喉部放松,气息畅通,直至一口气数完,能数多少就数多少,逐渐增加。

④ 气息均匀。用一口气连续发 6 个单元音 ɑ—o—e—i—u—ü,努力保持音调和音强的恒定不变。

(2) 快吸慢呼

① 吸气深,呼气畅通。人在惊喜的状态下,往往会快速、短促地深吸一口气,并保持着气息,然后喊一声"啊",此时仍保持吸气的状态。这种快速吸气的方法,正是我们在说话时经常会用到的。

巴(bā)　拔(bá)　把(bǎ)　罢(bà)

搭(dā)　达(dá)　打(dǎ)　大(dà)

提示:经常重复这个练习,可延长呼气的时间。练习时,要用快吸来练,字音要清楚准确。

② 夸大上声练习——气沉丹田

• ǎ　ǐ　ǎi　ǎo　ǔ

• 好(hǎo) 美(měi) 满(mǎn) 想(xiǎng) 仰(yǎng) 场(chǎng)

③ 换气练习——气息畅通、灵活

• 出东门,过大桥,大桥底下一树枣,拿着杆子去打枣儿,青的多红的少,一个枣儿、两个枣儿、三个枣儿……十个枣儿、九个枣儿、八个枣儿……

• 广场上飘红旗,一面旗、两面旗、三面旗、四面旗、五面旗、六面旗、七面旗、八面旗、九面旗、十面旗……

提示:上述两则练习,一口气说完才算好。

### 3. 换气、补气的训练

(1) 第一步,快速吸气。像准备突然喊从远处走来的朋友那样急吸气,两肋一下子扩起,然后缓慢平稳地呼出。第二步,呼气5～6秒钟后立刻补气。要领是:收小腹,口鼻进气,两肋张开。第三步,缓慢呼气。如此反复十几次。每次呼气时间可有长有短,直至能自如掌握。

(2) 在上述练习的基础上,练习呼气时从容发声。(∨为换气、补气记号)

∨一二三四∨五六七八∨

二二三四∨五六七八∨

三二三四五六七八∨

四二三四五六七八∨

### 4. 气息弱控制训练

(1) 吸气深,呼气均匀。缓慢持久地发出 ai、uai、uang、iang 这4个音。

(2) 夸大声调,延长发音,控制气息。

花红柳绿:h—uā　　h—óng　　l—ǐu　　l—ǜ

谈笑风生:t—án　　x—iào　　f—ēng　　sh—ēng

鸟语花香:n—iǎo　　y—ǔ　　h—uā　　x—iāng

（3）夸大声调,控制气息,扩展音域。

### 静　夜　思

床前明月光,疑是地上霜。

举头望明月,低头思故乡。

### 春　　晓

春眠不觉晓,处处闻啼鸟。

夜来风雨声,花落知多少。

## 5. 气息强控制训练

气要吸得深,吸得足。如果气不够,喉咙会紧张。呼气要均匀、通畅、灵活。

（1）模仿京剧老生大笑的样子,吸气后发"哈":hà—hà—hà—hà—hà,体会气沉的感觉。

（2）反复弹发:hèi—hà—hòu,体会横膈膜和腹肌的作用。

（3）反复弹发:pēng—pā—pī—pū—pāi,体会气息上下贯通,力度加强。

（4）数葫芦:

一口气数不了二十四个葫芦、四十八块瓢。

一个葫芦两块瓢,

两个葫芦四块瓢,

三个葫芦六块瓢,

81

四个葫芦八块瓢，

五个葫芦十块瓢，

六个葫芦十二块瓢，

七个葫芦十四块瓢，

八个葫芦十六块瓢，

九个葫芦十八块瓢，

…………

二十四个葫芦四十八块瓢。

（5）诵读《过零丁洋》：

## 过 零 丁 洋

辛苦遭逢起一经，干戈寥落四周星。

山河破碎风飘絮，身世浮沉雨打萍。

惶恐滩头说惶恐，零丁洋里叹零丁。

人生自古谁无死，留取丹心照汗青。

此诗前二句，诗人回顾平生；中间四句紧承"干戈寥落"，明确表达了作者对当前局势的认识；末两句是作者对自身命运的一种毫不犹豫的选择。

文天祥把作诗与做人、诗格与人格融为一体。此诗乃千秋绝唱，情调高昂，激励和感召古往今来无数仁人志士为正义事业英勇献身。

朗读训练时，要把握"深、通、匀、活"的四字方针，注意气息和内容的结合。

# 第八章

# 朗读的口腔控制

　　朗读者以呼出的气息为动力,使喉部的声带振动发出声音,再经由喉、咽,直至口腔的各个共鸣器官,使声音得以扩大和美化。但这一切并不是最终的目的,我们最终的目的是要为朗读服务。

　　我们朗读时,语意是通过语音来体现的,而汉语的字词是构成汉语语言结构的基本单位。要想准确、生动、清楚、明了地沟通交流,传情达意,我们就必须充分重视吐字这个环节。

　　在长期的语言实践中,我国的语言艺术工作者总结出了许多行之有效的吐字方法,"吐字归音"就是这些方法的集中体现。虽然朗读时的吐字和说唱艺术中的吐字有一定的区别,但吐字归音是建立在汉语音节结构基础上的发音方法,它在各种不同的语言活动中都具有普遍意义——除了说唱戏曲艺术以外,话剧、电影的表演艺术,电台、电视台的播音主持也从中吸取了有益的成分。我们的朗读和朗诵当然也可以通过借鉴这种吐字方法,使我们的发音得到改善,使我们的语言魅力得以增强。那么,要想掌握吐字归音的技巧,就要学会对口腔进行控制。

84

# 第一节　我们的咬字器官

　　我们朗读时发出每一个音节的过程就是咬字的过程。在咬字的过程中,口腔内发挥相应作用的各个部分就是咬字器官。

　　(1)口腔可分为上下两部分,它们可以有控制地打开、闭合,这对我们的吐字发音极其重要。

　　(2)口腔下部有能够灵活运动的舌,它可以与口腔上部形成各种阻碍。舌面的高点使口腔分为前后两个腔体。舌的形状变化使口腔的形状也随之发生改变。

（3）口腔上后部的软腭能升、能降、通过阻塞或打开鼻腔通道，改变口咽部的形态。

（4）口腔最前端是能够开闭、展撮自如的双唇，双唇也是声音的出口。

# 第二节　咬字器官的训练

吐字的准确、清晰与否，很大程度上取决于对咬字器官的控制是否有力、灵活。要想达到比较好的吐字效果，首先就要训练咬字器官。

## 1. 牙关

牙关训练指的是下颌关节的运动，它能使口腔开合自如。

【训练方法】　用手扶住下巴，并使下巴保持放松和微收的状态，缓缓抬头，打开口腔，再缓缓低头，关闭口腔。每天练习 30 次。

## 2. 舌

舌是口腔中活动最积极、影响最大的咬字器官。在汉语普通话的所有音素中，除了辅音的双唇音 b、p、m 和唇齿音 f 之外，其他音素无不依赖于舌的活动。而在整个音节的发音过程中，舌都要发挥积极的吐字作用。舌的活动直接影响到字音的准确。发辅音时，是舌的相关部位与口腔上部构成的阻碍；发元音时，是舌位适当的前后高低；发整个音节时，是舌的符合发音规律的积极活动。无论是发元音

85

还是发辅音,舌的相关部位力量越集中,声音就越集中。舌的弹力越强,声母部分发得就越清晰;舌如果绵软无力,字音就会比较模糊。舌还会影响字音的圆润度,只有舌的状态积极、灵活、有力,我们发出的字音才能够饱满、圆润。舌如果坚韧、有力,声音就会明亮一些;舌如果松软、无力,声音就会散漫、暗淡一些。

**【训练方法】** 汉语普通话的语音主要形成于舌的前部和中部,因而舌的前部和中部的灵活度、有力度是我们训练舌的根本要求。

(1) 弹舌。舌尖上翘,以较快速度来回弹上齿下缘。目的是活动舌头,增加舌的灵活性。

(2) 刮舌。刚开始,舌尖抵下齿背,上齿缘接触舌叶;舌的前部逐渐挺起,上齿缓缓地沿着舌的中纵线向后刮,口腔好像被舌撑开,直至不能再张大。

(3) 伸卷。用力地把舌伸出口外,使舌的前端呈尖形,再向上用力回卷。

(4) 立舌。舌在口腔内翻动 90 度,使舌的左边缘向上立起;再翻动 180 度,使舌的右边缘向上立起。

(5) 发音。用短促的声音发 de、ge、le,舌的相应部位要有力度。

(6) 绕口令:调到敌岛打特盗,特盗太刁投短刀。挡推顶打短刀掉,踏盗得刀盗打倒。

**3. 腭**

腭,俗称口盖,分隔口腔与鼻腔。腭分前后两部分,前三分之二是硬腭,后三分之一是软腭。硬腭前部可以提高声音的明朗度,能使声音产生良好的共鸣。

**【训练方法】**

（1）半打哈欠。像半打哈欠似的打开牙关，提起上腭，再缓缓闭拢。半打哈欠的意思是，口不要张得过大，软腭不要过挺。

（2）软腭升降。口轻松地半开，提起软腭，以闭塞鼻腔通道，打开时有轻微的爆破声。

（3）纠正鼻化音。汉语普通话没有鼻化元音，但有的人在发音时却有鼻化色彩较重的毛病。可用以下办法予以纠正：以半打哈欠的状态开口吸气，当软腭升起，隔断鼻腔通路时，用拇指和食指轻按鼻骨的两侧，或捏住鼻翼，以堵塞鼻腔通道，发 ba、bi、bu，直至鼻腔没有明显的振动为止。

## 4. 唇

唇不仅是声音的主要出口，也是吐字的重要器官。唇在口腔的前端，唇的控制对吐字的质量有着明显的影响。发音时，如果唇向前突出，声音会发闷，不够明亮，字音也容易包在口中；如果将唇收拢起来与齿相依，声音就明朗多了，字音也容易吐出口外。唇的收缩力越强，声音就越容易集中；唇的收缩力越弱，声音就越容易发散。汉语语音的特点使唇的作用更为突出。汉语韵母有开、齐、合、撮之分，它们与开始发音的唇形有着密切的关系。开口呼韵母开始发音时，唇裂较宽，唇较放松；齐齿呼韵母开始发音时，唇形扁平，上唇几乎与上齿下缘平行，因而叫齐齿；合口呼韵母开始发音时，唇呈圆形，口唇有合拢之感，所以叫合口；撮口呼韵母开始发音时，有撮唇感，所以叫撮口。

此外，韵母中充当韵尾的元音 i 或 u(o) 也与唇形有直接的关系。

87

由此可见,汉语普通话的所有音节与唇形都关系甚密,因而唇形控制对汉语普通话的吐字有着特殊的意义。

【训练方法】

（1）撮唇。开小口,在提颧肌的前提下,唇沿齿向中间撮合,再展开。反复练习。

（2）转唇。嘴合拢噘唇,沿逆时针方向转动,再沿顺时针方向转动。每天练习 30 次。

（3）双唇打响。上唇向中间紧缩,力量集中于上唇中部,反复发辅音 b,能感觉到有清晰的爆破声。

（4）bā 音击点。面向墙壁,以双唇打响的状态发 bā 音,想象墙上与口平行处有一小洞。要求是:在发每一个 bā 音时,都要把 bā 音弹击到小洞内。

（5）绕口令:八百标兵奔北坡,炮兵并排北边跑。炮兵怕把标兵碰,标兵怕碰炮兵炮。

在做以上练习时,整个口形动作要自然、大方,唇紧贴着齿外活动,幅度不宜太大,这样不仅音色清晰明朗,口形也美观大方。

# 第九章

# 朗读的内在语

长期以来,朗读的技巧是不受重视的。人们认为感情一到,技巧自生,于是感情被推到了至高无上的地位,不少人甚至用感情代替一切,把感情当作一切,殊不知它阻碍了人们对朗读技巧的认识、学习、研究和掌握,扼杀了语言艺术的肌体。德国的大文豪歌德曾经说过:"艺术之所以为艺术,正因为它不是自然。"我国已故的朗读学奠基人张颂更是指出:"生活是技巧的源泉。但是,我们不是在进行日常生活的谈话,我们是在把优秀的文字作品转化为有声语言,因此,我们朗读的目的不是找寻自然形态的东西,而是要努力达到巧夺天工。"

朗读技巧是船,可以飞速驶入听者的脑海;朗读技巧是桥,可以直接通向听者的心田。技巧的学习和掌握,可以促使朗读者进一步加深理解,进一步加强感受,使朗读内容活化,使内心依据净化;同时,可以使逻辑更为精密,使形象更为鲜明,造成朗读的有声语言承续如链,描绘如画。

朗读技巧分为内部技巧和外部技巧两部分。朗读的内部技巧包括内在语、情景再现两方面;朗读的外部技巧包括停连、重音、语气、节奏四方面。它们各有侧重,互相区别,又具有共性,互相沟通,共同构成朗读的基本技巧。那么,技巧在朗读中应该处于什么位置呢?我们认为,应该取"体验派"与"表现派"的精华,走"体现派"的道路,即"声情并茂"的道路——既承认内心依据的重要性,又承认语言技巧的重要性,使朗读的内容与形式、体验与表现、感情与技巧、目的与方法和谐一致,最终达到声情并茂的境界。

现在,我们一起来开掘一下朗读的内部技巧——内在语。

90

# 第一节　什么是内在语

朗读的内在语,就是指那些在朗读中不便表露、不能表露,或没有完全表露出来和没有直接表露出来的语句关系和语句本质。内在语这一叫法,不仅适用于朗读,也适用于朗诵和播音主持。在戏剧和影视表演中,其术语叫"潜台词"。

《朗诵艺术》的作者阿克肖诺夫说:"创作任务中,首先要确立朗读者对作品的态度,断定那能帮助当代人理解作品内容的内在语,并使那些内在语指导你的朗诵,达到对听众进行思想教育的目的。"在进行朗读创作的时候,文字作品来自作者,内在语则来自朗读者。

# 第二节　内在语的作用与意义

斯坦尼斯拉夫斯基曾经说过:"只有当人们借自己的经验从内部赋予所要表现的作品的潜台词以生命的时候,在这部作品里,同时也在演员自己的心里,才显露出作品所要表达的精神实质,创作的意义就在潜台词上。"

作为以文字作品为创作依据,以艺术化的有声语言为创作手段的实践活动,朗读当然与角色化的戏剧表演有着本质的不同,但两者之间依然存在一定的共性——都是艺术化的有声语言,都要显露出语言的精神实质和逻辑链条,使有声语言富有创作的意义。

　　只有在朗读等语言艺术的有声表达中，我们才能够通过文字作品的内在语感受到作品真正的灵魂，而这种内在语是朗读者在朗读的过程中一次又一次地创作和表达出来的。在朗读中，内在语有着极为重要的意义。

　　第一，内在语可以帮助朗读者厘清语言链条的逻辑关系。

　　朗读中的语言总是比生活中的语言更简洁、精练。一般来说，它不像口头语言那样有特别明显的关联词语，或是常常会把那些重要的关联词语隐含起来。不要说段落、层次之间没有明显的承上启下的词语，就连句子、小层次之间也往往省去了衔接转换的关联词，这会导致语言链条的逻辑关系不明显。朗读者在朗读时如果没有明确隐含性关联词，语气就可能不准确，意思也很难表达清楚。而内在语（隐含性关联词或关联词短语）可以帮助朗读者厘清语句之间的关系，使朗读时的语气变得准确，听众也容易理解。

　　我们仍以李清照的《如梦令》为例，来具体谈谈内在语的作用。

　　昨夜雨疏风骤，浓睡不消残酒。试问卷帘人，却道海棠依旧。知否，知否？应是绿肥红瘦。

　　起首两句为：昨夜雨疏风骤，浓睡不消残酒。词面上虽然只写了昨夜饮酒过量，翌日晨起宿醉尚未尽消，但它的背后还潜藏着另一层意思，那就是昨夜酒醉是因为惜花。词人不忍看到第二天海棠花谢，所以前一晚才在海棠花下饮了过量的酒，直到今朝尚有余醉。这就是隐含的内在语。

　　三、四两句为：试问卷帘人，却道海棠依旧。从词面上看，这两句分别是作者淡淡的试问和侍女简单的回答，实际上却隐含着作者忐忑、矛盾的心理——尽管饮酒致醉，一夜浓睡，但清晨酒醒后所关心的第一件事仍是园中海棠；猜想海棠不堪一夜骤风疏雨的揉损，窗外定是残红狼藉，落花满眼，却又不忍亲见，于是试着向正在卷帘的侍女问个究竟。

结尾两句"知否，知否？应是绿肥红瘦"既是词人对侍女的反诘，也像是她的自言自语：这个粗心的丫头，你知不知道，园中的海棠应该是绿叶繁茂、红花稀少才对。"应是"表明词人对窗外景象的推测与判断，口吻极当。因为她毕竟尚未目睹这一切，所以说话时要留有余地。同时，这个词语中也暗含着"必然是"和"不得不是"之意。海棠虽好，风雨无情，它是不可能长开不谢的。一语之中，含有不尽的无可奈何的惜花之情。

第二，内在语是语句目的的集中体现。

每一篇作品所包含的具体思想感情总是比写出来的文字深广得多。不论在什么时候，作者都不可能也不必要把语句所包含的具体内容和思想感情表达净尽。此外，鉴于不同的语言环境和不同的语言目的，即使是同一句话，也会表达出不同的含义和感情色彩。而要想确定一句话的本质意义，我们就需要抓住内在语，在具体的语言环境中准确地把握语句目的。

例如我们在开篇分析和研究过的《白杨礼赞》，它就是内在语是语句目的的集中体现的一个绝佳范例。

"白杨不是平凡的树。它在西北极普遍，不被人重视，就跟北方的农民相似;它有极强的生命力,磨折不了,压迫不倒,也跟北方的农民相似。我赞美白杨树,就因为它不但象征了北方的农民,尤其象征了今天我们民族解放斗争中所不可缺的朴质,坚强,以及力求上进的精神。"这段话表面上是赞美白杨树,内在语则是歌颂中国共产党领导下的"北方的农民"团结一致,坚持抗战,用血写出新中国历史的革命精神和坚强意志。

第三,内在语是确定朗读表达语气的依据。

朗读创作是以语句为基本表义单位的,具体地说,就是通过有声语言的语气把句子的思想感情准确地表达出来。语气包括内在的、一定的具体思想感情和外在的、一定的具体声音形式两方面,而这两方面都是由内在语决定的。

例如我们在前文分析过的《沁园春·雪》下阕:"江山如此多娇,引无数英雄竞折腰。惜秦皇汉武,略输文采;唐宗宋祖,稍逊风骚。一代天骄,成吉思汗,只识弯弓射大雕。俱往矣,数风流人物,还看今朝。"从表面上看,作者从历代帝王中选出五位很有代表性的人物,展开一幅幅历史画卷,使评论得以具体形象地展开,实则点出全词"数风流人物,还看今朝"的主题,继而将自己博大的胸襟和抱负给予充分、完整的展现。这句话的内在语就是作者坚定的自信和伟大的抱负。这震撼千古的结语,直接确定了这首词豪情万丈、傲视古今的语气。

阿克肖诺夫曾说过:"没有内在语,语言就没有什么作用。我们想要赋予字句哪怕是一点点色彩,也都要由我们的内在语所决定。"

94

## 第三节　怎样找到并确定内在语

作为语句的实在意义,内在语是随着语句目的、语言环境的不同而变化的。因此,从孤立的语句中寻觅到的内在语往往并不准确。只有深刻理解、感受了文字作品的主题思想,准确把握了作品总的感情色彩和分量,我们才有可能确定和把握语句的内在语。

朗读时,没有必要句句都找内在语。那么,从哪里找到并确定内在语呢?重点,从文章的重点语句去寻觅并找到内在语。重点是文章主题思想的落脚点,是全篇的关节所在。同时,还可以在难点上把握内在语。所谓难点,是指语句本质不好把握的地方。在难点上,内在语往往更能显示其强大的功效。

在那些有人物语言的作品中,人物的语言,特别是人物的直接引语往往被视作内在语把握的一个重点。而在那些没有人物语言的作品中,朗读者就需要开动脑筋,仔细推敲,深入挖掘了。

具体地说,首先,要在搞清语句的表层意义的基础上,根据语句目的和上下文的语言环境挖掘出语句的深层含义,并准确判断和把握具体的态度分寸。因为有时候语句文字的表层意义与深层含义即使同向、同质,也会有程度、分量和分寸上的细微差别。

其次,有些语句从文字上看似乎是这样,深入挖掘后,内在语却是那样,即表层意义与深层含义异向。此时的内在语应与语句深层含义的意向相一致、相统一,而不能被文字表面的意义所迷惑。同一语句,内在语的意向不同,语意也就不同。"相信爱情",内在语应为

95

同向,表达肯定的意向;如果内在语改为异向——"爱情能相信吗?",就会表达出怀疑的意向。"勤俭节约",内在语应为同向,表达肯定的意向;如果内在语改为异向——"没啥必要",就会表达出否定的意向。由此不难看出,朗读者的立场、观点,也会对内在语的确定和把握产生重要的影响。

挖掘、运用内在语的目的是深化对作品的理解、感受,使朗读者的思想感情运动起来,获得贴切的表达语气,更好地传达作品的精神实质。因此,内在语的把握应避免朦胧、模糊,而要力求鲜明、确切。《朗诵艺术》的作者阿克肖诺夫特别强调:"内在语越鲜明,越确切,我们断定作品某些部分时所提出的任务也就越正确,越肯定","没有说服力的内在语,语言就不能引起预期的反应"。如果内在语概括表述得精确可感,朗读时就不必字斟句酌地重现一遍,只要由此一点唤起相应的体验即可。鲜明、简捷、有说服力的内在语催动着朗读者去生动地创造,准确地表达。

在运用内在语这一调动思想感情进入运动状态的重要内部技巧时,朗读者不要忘记和语言血肉相连的思想感情,要准确、鲜明、生动地表情达意。朗读者既要在总体上把准全篇的基调,又要朗读一句是一句,即这句话朗读出来后,朗读者心里得明确这要表达什么。斯坦尼斯拉夫斯基在谈到演员在舞台上的表演时曾经这样说:"在舞台上,话语必须在演员心里,在他的对手心里,而且通过他们在观众心里激起各种各样的情感、欲望、思想、意向、视觉、听觉以及其他感觉","这一切都充分说明,语言、角色的台词之所以有价值,并不是由于它本身,而是由于它所包含的内在语或潜台词"。

　　最后需要强调的是,朗读时不爱动脑子,加上艺术感觉的迟钝和知识文化的欠缺,往往会让朗读者对内在语的把握感到比较困难。因此,全面提高朗读者自身各方面的素质,是掌握内在语这一朗读内部技巧的必不可少的先决条件。

　　下面,我们通过高尔基著名的散文《海燕之歌》,来一起感受一下内在语的独特价值和作用。

## 海 燕 之 歌

　　在苍茫的大海上,狂风卷集着乌云。在乌云和大海之间,海燕像黑色的闪电,在高傲地飞翔。

　　一会儿翅膀碰着波浪,一会儿箭一般地直冲向乌云,它叫喊着,——就在这鸟儿勇敢的叫喊声里,乌云听出了欢乐。

　　在这叫喊声里——充满着对暴风雨的渴望!在这叫喊声里,乌云听出了愤怒的力量、热情的火焰和胜利的信心。

　　海鸥在暴风雨来临之前呻吟着,——呻吟着,它们在大海上飞窜,想把自己对暴风雨的恐惧,掩藏到大海深处。

97

　　海鸭也在呻吟着,——它们这些海鸭啊,享受不了生活的战斗的欢乐:轰隆隆的雷声就把它们吓坏了。

　　蠢笨的企鹅,胆怯地把肥胖的身体躲藏在悬崖底下……只有那高傲的海燕,勇敢地,自由自在地,在泛起白沫的大海上飞翔!

　　乌云越来越暗,越来越低,向海面直压下来,而波浪一边歌唱,一边冲向高空,去迎接那雷声。

雷声轰响。波浪在愤怒的飞沫中呼叫,跟狂风争鸣。看吧,狂风紧紧抱起一层层巨浪,恶狠狠地把它们甩到悬崖上,把这些大块的翡翠摔成尘雾和碎末。

海燕叫喊着,飞翔着,像黑色的闪电,箭一般地穿过乌云,翅膀掠起波浪的飞沫。

看吧,它飞舞着,像个精灵,——高傲的、黑色的暴风雨的精灵,——它在大笑,它又在号叫……它笑那些乌云,它因为欢乐而号叫!

这个敏感的精灵,——它从雷声的震怒里,早就听出了困乏,它深信,乌云遮不住太阳,——是的,遮不住的!

狂风吼叫……雷声轰响……

一堆堆乌云,像青色的火焰,在无底的大海上燃烧。大海抓住闪电的箭光,把它们熄灭在自己的深渊里。这些闪电的影子,活像一条条火蛇,在大海里蜿蜒游动,一晃就消失了。

——暴风雨!暴风雨就要来啦!

这是勇敢的海燕,在怒吼的大海上,在闪电中间,高傲地飞翔;这是胜利的预言家在叫喊:

——让暴风雨来得更猛烈些吧!

首先,由于海燕在暴风雨来临之前,常在海面上飞翔,因此在俄文里,"海燕"一词本身就含有"暴风雨的预言者"之意。这就是作者之所以用"海燕之歌"作为这篇散文题目的原因。

其次,在这篇散文里,"大海"的内在语是象征革命高潮时人民群众排山倒海的力量,"乌云""狂风"的内在语则是象征反革命势力和

98

黑暗的社会环境,"海鸥""海鸭""企鹅"的内在语是象征形形色色的
怯于革命、不革命和假革命者。

　　结尾处的"让暴风雨来得更猛烈些吧!"的内在语是预示无产阶
级革命即将到来并必将取得胜利的前景,同时号召广大劳动人民积
极行动起来,迎接伟大的革命斗争。

　　《海燕之歌》是高尔基在 1901 年 3 月写的一篇带有象征意义的
短篇小说《春天的旋律》的末尾一章。由于 19 世纪欧洲爆发的工业
危机很快就蔓延到了俄国,在 1900 年至 1903 年的危机年代里,俄国
3000 多家大小企业相继倒闭,被开除的工人达 10 万多人,再加上沙
皇统治日趋黑暗,人民群众再也无法忍受,反抗情绪日益高涨,革命
斗争蓬勃兴起。俄国工人运动开始从经济罢工转到政治罢工,进而
转到游行示威,提出关于民主自由的政治要求,提出"打倒沙皇专制"
的政治口号,这些无不动摇着沙皇统治的根基。

　　令人讽刺的是,对于这样一篇预言着革命战斗号角的散文,沙皇
审查当局却没有读懂文章语句中的内在语。《海燕之歌》被发表在当
年四月号的《生活》杂志上。《生活》杂志主编波塞曾这样回忆道:
"《海燕》是经过审查官叶拉庚事先审查后发表的,但他没有看出它有
什么革命性的东西。"审查当局不久就发现"漏审的疏忽"所造成的严
重错误,于是下令查封了《生活》杂志。

　　《海燕之歌》体现了高尔基早期作品中革命浪漫主义的典型特
征。整首诗以宏伟壮丽的大自然作背景,极力渲染恶浪腾空、雷电交
加、狂风怒吼、波澜壮阔的紧张气氛,状写出油画般浓烈、鲜明的色
彩,塑造出一个"高傲的、黑色的暴风雨的精灵"般的艺术形象,蕴蓄

着激越的情绪和讽刺的笔调。这些都具有鲜明的革命浪漫主义特点,从整体上营造了浓郁的英雄主义和理想主义氛围,给人以强烈的震撼。

列宁的妹妹乌里扬诺娃在高尔基逝世时曾经回忆说:"我回想起了高尔基所起的作用,他的作品对我们每个人的重要性,我回想起了地下活动时期的那些无声年代,高尔基对于那时失掉言论自由的青年人的意义。我回想起我们读他的作品《母亲》读得入迷,大家还都记熟了那不朽的《海燕之歌》。"

# 第十章

# 朗读的情景再现

"'云'……'战争'……'老鹰'……'紫丁香'……"阿尔卡其·尼古拉耶维奇用冷淡的语调念出了这些字眼,字与字之间都有很久的停顿。今天的课就是这样开始的。

"当你们听到这些声音的时候,心里发生了什么呢?就拿'云'这个字眼来作例子。在我念出这个字眼以后,你们想起什么,感到什么,看到什么呢?"

我仿佛看到晴朗天空中的一朵很大的云彩。

马洛列特柯娃看到了一片很长的、横过整个天空的白色云幕。

"当你们听到'我们到车站去吧!'这句话的时候,你们心里有什么反应?"

我想象自己离开了家,雇了一辆马车,驶过迪米特洛夫卡街,穿过许多巷子,到了萨多瓦街,不久就在火车站里了。普希钦觉得自己在月台上走着。至于威廉米诺娃,她在想象中早已赶上开往克里米亚的火车。

我们每个人都把自己的内心视象讲给托尔左夫听了以后,他又对我们说:"可见我刚刚说出几个字眼,你们就已经能够在想象中做出这些字眼所说明的事情了。同时你们也注意到,要使你们所表达出来的画面和蓝本相似,也就是和想象中的火车站之行在你们心里所引起的那些视象相似。如果你们在舞台上也能经常这样注意去完成这种正常的过程,在说出台词的时候也能这样透彻理解到它的精神实质,那你们很快就可以成为伟大的演员了。"

以上段落是《演员自我修养》第二部中的内容。在这里,斯坦尼斯拉夫斯基提出了要想成为伟大演员的一个重要条件,那就是想象对一个演员的表达是多么的重要。想象是就演员的台词表达而言的，对朗读者来说，它的专有名词叫"情景再现"。

# 第一节　什么是情景再现

朗读者在朗读时通过想象把语言文字描述变成了形象的、连续活动的画面，同时自身引发与语言内容相对应的情感，并且把这种情感表达出来，使别人也体验到这种情感。这就是情景再现。

怎样理解情景再现这个概念呢？我们可以这样回忆一下：当你向别人讲述刚刚看过的一场电影时，自己的脑海里首先要浮现出电影中的有关镜头画面；当你向别人描述国家大剧院时，必先在脑海里闪现出国家大剧院的雄姿。简而言之，就是看到了再说，这样脑海中才不会出现空白，而且形象鲜明，感受具体。

对于想象，也就是我们朗读中的情景再现，斯坦尼斯拉夫斯基做出的结论更为精彩："当我们和别人进行言语交流的时候，我们开头是以内心视觉见到所谈的东西，然后才说出我们所见到的。如果我们在听着别人说话，那么我们就是先以耳朵来领会对我们所说的，然后才以眼睛见到我们所听到的。听，在我们的语言中是意味着见到所说的，而说，就等于在描绘视象。"

# 第二节　情景再现的特点与作用

任何一个人听故事的时候，都会在脑海中不由自主地随着别人对故事的讲述而想象故事中的情景,这种想象是被动的情景再现,它和朗读中的情景再现是有区别的。

不同于一般的被动想象,朗读中的情景再现有着很强的目的性和自觉性,属于有意想象,是按照一定的任务和目的展开的。这种想象不是任意驰骋的,它必须遵循语言内容规定的目的、性质、范围、任务。它要以稿件提供的材料为原型,要符合内容的需要,要服务于视听的需要。它要促使思想感情进入运动状态,以达到朗读目的。因此,我们称朗读中的想象是朗读的内部技巧,是调动朗读情感的手段,这也就是我们之所以把朗读中的想象称为情景再现的原因。

掌握了情景再现这个朗读技巧,朗读者在朗读时,脑海中就不再是一片空白,也不仅仅是文字的反映,而是有了鲜活的情景再现。经由文字刺激所获得的有关情绪记忆表象,催动着情感作用于朗读语气,使之绘声绘色,令听者如临其境,如闻其声。

# 第三节  怎样掌握和运用情景再现

既然情景再现是帮助朗读者调动情感的一种手段,是朗读重要的内部技巧,那么如何掌握和运用情景再现就显得格外重要了。

第一,想象要有具体的视象。

何谓视象?斯坦尼斯拉夫斯基曾这样描述:"听,在我们的语言中是意味着见到所说的,而说,就等于在描绘视象。"张颂对此观点极为认同,并补充道:"视象不是真的看到,而是在想象中、回忆中重新映现的画面。"

好的画家能给不在他面前的人画像,因为他内心视觉好;好的钢琴家能弹出刚刚听过的旋律,因为他内心听觉好。同理,优秀的朗读者一看见文字稿,就应该迅速地捕捉到有关的形象,敏锐地激发出相应的情感,生动准确地用语言把文章中的情景再现给听者。

朗读者在朗读时,若脑海中只有文字符号,那只能算机械地念。只有透过文字的刺激迅速地捕捉到视象,才会为朗读出真实的情感提供可靠的依据。

以朱自清先生《荷塘月色》中的几个段落为例。

## 荷 塘 月 色(节选)

曲曲折折的荷塘上面,弥望的是田田的叶子。叶子出水很高,像亭亭的舞女的裙。层层的叶子中间,零星地点缀着些白花,有袅娜地开着的,有羞涩地打着朵儿的;正如一粒粒的明珠,又如碧天里的星星,又如刚出浴的美人。微风过处,送来缕缕清香,仿佛远处高楼上渺茫的歌声似的。这时候叶子与花也有一丝的颤动,像闪电般,霎时传过荷塘的那边去了。叶子本是肩并肩密密地挨着,这便宛然有了一道凝碧的波痕。叶子底下是脉脉的流水,遮住了,不能见一些颜色;而叶子却更见风致了。

月光如流水一般,静静地泻在这一片叶子和花上。薄薄的青雾浮起在荷塘里。叶子和花仿佛在牛乳中洗过一样;又像笼着轻纱的梦。虽然是满月,天上却有一层淡淡的云,所以不能朗照;但我以为这恰是到了好处——酣眠固不可少,小睡也别有风味的。月光是隔了树照过来的,高处丛生的灌木,落下参差的斑驳的黑影,峭楞楞如

105

鬼一般；弯弯的杨柳的稀疏的倩影，却又像是画在荷叶上。塘中的月色并不均匀；但光与影有着和谐的旋律，如梵婀玲上奏着的名曲。

荷塘的四面，远远近近，高高低低都是树，而杨柳最多。这些树将一片荷塘重重围住；只在小路的一旁，漏着几段空隙，像是特为月光留下的。树色一例是阴阴的，乍看像一团烟雾；但杨柳的丰姿，便在烟雾里也辨得出。树梢上隐隐约约的是一带远山，只有些大意罢了。树缝里也漏着一两点路灯光，没精打采的，是渴睡人的眼。这时候最热闹的，要数树上的蝉声与水里的蛙声；但热闹是它们的，我什么也没有。

这段描写是作者经历过的，但朗读者却未必有类似经历。如何调动起朗读的情绪，使之比较贴近作者所经历过的情感呢？朗读者必须通过想象去"情景再现"以下过程——先依据稿件上的文字联想到有关的表象，然后按照人、事、景进行表象组合，一边理解一边将文字变成切切实实的感受，并运用积累的知识和生活经验，使其逐渐充实、立体、丰富、完整起来。

有学者评论朱自清先生的写景散文如同"工笔画"，景物描绘精雕细刻，细腻传神。此言放在《荷塘月色》尤为确切。当朗读者能够在内心看到这些"工笔画"的时候，也就可以逼真传神地将作者笔下的"荷塘月色"情景再现了。

首先，作者把水乳交融、浑然一体的"荷塘月色"细分为"月色下的荷塘"与"荷塘上的月色"两部分。"曲曲折折的荷塘上面，弥望的是田田的叶子。……而叶子却更见风致了。"这一段以月色为背景，重点描写荷塘的各样景；"月光如流水一般，……如梵婀玲上奏着的名曲。"这一段以荷塘为背景,重点描写月色的层次变化。通过这样划分,景物描写得以细腻地进行。

其次,作者对剖开来的"月色下的荷塘"与"荷塘上的月色"两部分进一步"精耕细作",从视觉("弥望""不能见"等)、听觉("渺茫的歌声""梵婀玲上奏着的名曲"等)、嗅觉("清香"等)等角度去描写对象的形状、色彩、大小、数量、气味、声音,以及它们的运动变化,这样就把景物表现得非常细腻。总之,朗读者呈现在脑海中的形象越清晰,情感焕发得就越具体贴切,因为凡是人们熟悉的东西,表象总会深刻而准确一些。

第二,情景再现要引发真实的感受。

朗读对感知能力的要求较高,一个好的朗读者要有一颗易感的心灵。人的情感是最丰富复杂的,而朗读恰恰要反映人的内心情感、思想境界。朗读者情感丰富,感受力强,感知客观事物时才能迅速诱发出真实的感受,唤起相应的情感。

以朱自清先生《背影》中的几个段落为例。

107

## 背　　影(节选)

我们过了江,进了车站。我买票,他忙着照看行李。行李太多,得向脚夫行些小费才可过去。他便又忙着和他们讲价钱。我那时真是聪明过分,总觉他说话不大漂亮,非自己插嘴不可,但他终于讲定了价钱;就送我上车。他给我拣定了靠车门的一张椅子;我将他给我做的紫毛大衣铺好座位。他嘱我路上小心,夜里要警醒些,不要受凉。又嘱托茶房好好照应我。我心里暗笑他的迂;他们只认得钱,托他们只是白托！而且我这样大年纪的人，难道还不能料理自己么？唉，我现在想想，那时真是太聪明了！

我说道："爸爸，你走吧。"他往车外看了看，说："我买几个橘子去。你就在此地，不要走动。"我看那边月台的栅栏外有几个卖东西的等着顾客。走到那边月台，须穿过铁道，须跳下去又爬上去。父亲是一个胖子，走过去自然要费事些。我本来要去的，他不肯，只好让他去。我看见他戴着黑布小帽，穿着黑布大马褂，深青布棉袍，蹒跚地走到铁道边，慢慢探身下去，尚不大难。可是他穿过铁道，要爬上那边月台，就不容易了。他用两手攀着上面，两脚再向上缩；他肥胖的身子向左微倾，显出努力的样子。这时我看见他的背影，我的泪很快地流下来了。我赶紧拭干了泪。怕他看见，也怕别人看见。我再向外看时，他已抱了朱红的橘子往回走了。过铁道时，他先将橘子散放在地上，自己慢慢爬下，再抱起橘子走。到这边时，我赶紧去搀他。他和我走到车上，将橘子一股脑儿放在我的皮大衣上。于是扑扑衣上的泥土，心里很轻松似的。过一会儿说："我走了，到那边来信！"我望着他走出去。他走了几步，回过头看见我，说："进去吧，里边没人。"等他的背影混入来来往往的人里，再找不着了，我便进来坐下，我的眼泪又来了。

这篇散文的主要写作特点是白描。这两段集中描写了父亲在特定场合下令作者极为感动的一个背影。除了刻画父亲当时的体态、穿着打扮以外，作者主要描写了父亲买橘子时穿过铁路的情形。这种白描的文字不借助任何修饰，只是把当时的情景再现于眼前，读起来清淡质朴，实则蕴藏着一段深情。朗读者在朗读整篇散文时一定要注意,"背影"在全文中一共出现了四次,每次的情况有所不同,而思想感情却一脉相承。第一次开篇点题"背影",全文被一种浓厚的感情气氛所笼罩。第二次车站送别,作者对父亲的"背影"进行了具体的描绘。第三次是父亲和儿子告别后,儿子望着父亲的"背影"在人群中消逝,离情别绪催人泪下。第四次在文章的结尾,儿子读着父亲的来信,泪光中再次浮现出父亲的"背影",思念之情不能自已,同时与文章开头呼应,把父子之间的真挚感情表现得淋漓尽致。

第三,情景再现要唤起情绪记忆、联想的参与,并要求朗读者置身其中。

朗读者要运用想象、联想去感受体验,使自己的情绪动起来,并做到置身其中,与文章中的人、事、景同呼吸、共命运。置身其中必须设身处地,获得一种现场感。

以朱自清先生《桨声灯影里的秦淮河》中的几个段落为例。

## 桨声灯影里的秦淮河(节选)

秦淮河的水是碧阴阴的;看起来厚而不腻,或者是六朝金粉所凝么? 我们初上船的时候,天色还未断黑,那漾漾的柔波是这样恬静、委婉,使我们一面有水阔天空之想,一面又憧憬着纸醉金迷之境了。等到灯火明时,阴阴的变为沉沉了:黯淡的水光,像梦一般;那偶然闪烁着的光芒,就是梦的眼睛了。 我们坐在舱前,因了那隆起的顶棚,仿佛总是昂着首向前走着似的;于是飘飘然如御风而行的我们,看着那些自在的湾泊着的船,船里走马灯般的人物,便像是下界一般,迢迢的远了,又像在雾里看花,尽朦朦胧胧的。 这时我们已过了利涉

109

桥，望见东关头了。沿路听见断续的歌声：有从沿河的妓楼飘来的，有从河上船里度来的。我们明知那些歌声，只是些因袭的言词，从生涩的歌喉里机械的发出来的；但它们经了夏夜的微风的吹漾和水波的摇拂，袅娜着到我们耳边的时候，已经不单是她们的歌声，而混着微风和河水的密语了。于是我们不得不被牵惹着，震撼着，相与浮沉于这歌声里了。从东关头转湾，不久就到大中桥。大中桥共有三个桥拱，都很阔大，俨然是三座门儿；使我们觉得我们的船和船里的我们，在桥下过去时，真是太无颜色了。桥砖是深褐色，表明它的历史的长久；但都完好无缺，令人太息于古昔工程的坚美。桥上两旁都是木壁的房子，中间应该有街路？这些房子都破旧了，多年烟熏的迹，遮没了当年的美丽。我想象秦淮河的极盛时，在这样宏阔的桥上，特地盖了房子，必然是髹漆得富富丽丽的；晚间必然是灯火通明的，现在却只剩下一片黑沉沉！但是桥上造着房子，毕竟使我们多少可以想见往日的繁华；这也慰情聊胜无了。过了大中桥，便到了灯月交辉，笙歌彻夜的秦淮河，这才是秦淮河的真面目哩。

110

大中桥外，顿然空阔，和桥内两岸排着密密的人家的景象大异了。一眼望去，疏疏的林，淡淡的月，衬着蔚蓝的天，颇像荒江野渡光景；那边呢，郁丛丛的，阴森森的，又似乎藏着无边的黑暗：令人几乎不信那是繁华的秦淮河了。但是河中眩晕着的灯光，纵横着的画舫，悠扬着的笛韵，夹着那吱吱的胡琴声，终于使我们认识绿如茵陈酒的秦淮水了。此地天裸露着的多些，故觉夜来的独迟些；从清清的水影里，我们感到的只是薄薄的夜——这正是秦淮河的夜。大中桥外，本来还有一座复成桥，是船夫口中的我们的游踪尽处，或也是秦淮河繁华的尽处了。我的脚曾踏过复成桥的脊,在十三四岁的时候。但是两次游秦淮河,却都不曾见着复成桥的面;明知总在前途的,却常觉得有些虚无缥缈似的。我想,不见倒也好。这时正是盛夏。我们下船后,借着新生的晚凉和河上的微风,暑气已渐渐消散;到了此地,豁然开朗,身子顿然轻了——习习的清风荏苒在面上,手上,衣上,这便又感到了一缕新凉了。南京的日光,大概没有杭州猛烈;西湖的夏夜老是热蓬蓬的,水像沸着一般,秦淮河的水却尽是这样冷冷地绿着。任你人影的憧憧,歌声的扰扰,总像隔着一层薄薄的绿纱面幂似的;它尽是这样静静的,冷冷的绿着。我们出了大中桥,走不上半里路,船夫便将船划到一旁,停了桨由它宕着。他以为那里正是繁华的极点,再过去就是荒凉了;所以让我们多多赏鉴一会儿。他自己却静静的蹲着。他是看惯这光景的了,大约只是一个无可无不可。这无可无不可,无论是升的沉的,总之,都比我们高了。

　　那时河里热闹极了;船大半泊着,小半在水上穿梭似的来往。停泊着的都在近市的那一边,我们的船自然也夹在其中。因为这边略略的挤,便觉得那边十分的疏了。在每一只船从那边过去时,我们能画出它的轻轻的影和曲曲的波,在我们的心上;这显着是空,且显着是静了。那时处处都是歌声和凄厉的胡琴声,圆润的喉咙,确乎是很少的。但那生涩的,尖脆的调子能使人有少年的,粗率不拘的感觉,也正可快我们的意。况且多少隔开些儿听着。因为想象与渴慕的做美,总觉更有滋味;而竞发的喧嚣,抑扬的不齐,远近的杂沓,和乐器的嘈嘈切切,合成另一意味的谐音,也使我们无所适从,如随着大风而走。这实在因为我们的心枯涩久了,变为脆弱;故偶然润泽一下,

111

便疯狂似的不能自主了。但秦淮河确也腻人。即如船里的人面，无论是和我们一堆儿泊着的，无论是从我们眼前过去的，总是模模糊糊的，甚至渺渺茫茫的；任你张圆了眼睛，揩净了眦垢，也是枉然。这真够人想呢。在我们停泊的地方，灯光原是纷然的；不过这些灯光都是黄而有晕的。黄已经不能明了，再加上了晕，便更不成了。灯愈多，晕就愈甚；在繁星般的黄的交错里，秦淮河仿佛笼上了一团光雾。光芒与雾气腾腾的晕着，什么都只剩了轮廓了；所以人面的详细的曲线，便消失于我们的眼底了。但灯光究竟夺不了那边的月色；灯光是浑的，月色是清的，在浑沌的灯光里，渗入一派清辉，却真是奇迹！那晚月儿已瘦削了两三分。她晚妆才罢，盈盈的上了柳梢头。天是蓝得可爱，仿佛一汪水似的；月儿便更出落得精神了。岸上原有三株两株的垂杨树，淡淡的影子在水里摇曳着。它们那柔细的枝条浴着月光，就像一支支美人的臂膊，交互的缠着，挽着；又像是月儿披着的发。而月儿偶尔也从它们的交叉处偷偷窥看我们，大有小姑娘怕羞的样子。岸上另有几株不知名的老树，光光的立着；在月光里照起来，却又俨然是精神矍铄的老人。远处——快到天际线了，才有一两片白云，亮得现出异彩，像是美丽的贝壳一般。白云下便是黑黑的一带轮廓；是一条随意画的不规则的曲线。这一段光景，和河中的风味大异了。但灯与月竟能并存着，交融着，使月成了缠绵的月，灯射着渺渺的灵辉；这正是天之所以厚秦淮河，也正是天之所以厚我们了。

这时却遇着了难解的纠纷。秦淮河上原有一种歌妓，是以歌为业的。从前都在茶舫上，唱些大曲之类。每日午后一时起；什么时候止，却忘记了。晚上照样也有一回，也在黄晕的灯光里。我从前过南京时,曾随着朋友去听过两次。因为茶舫里的人脸太多了,觉得不大适意,终于听不出所以然。前年听说歌妓被取缔了,不知怎的,颇涉想了几次——却想不出什么。这次到南京,先到茶舫上去看看,觉得颇是寂寥,令我无端的怅怅了。不料她们却仍在秦淮河里挣扎着,不料她们竟会纠缠到我们,我于是很张皇了。她们也乘着"七板子",她们总是坐在舱前的。舱前点着石油汽灯,光亮眩人眼目:坐在下面的,自然是纤毫毕见了——引诱客人们的力量,也便在此了。舱里躲着乐工等人,映着汽灯的余辉蠕动着;他们是永远不被注意的。每船的歌妓大约都是二人;天色一黑,她们的船就在大中桥外往来不息的兜生意。无论行着的船,泊着的船,都要来兜揽的。这都是我后来推想出来的。那晚不知怎样,忽然轮着我们的船了。我们的船好好的停着,一只歌舫划向我们来了;渐渐和我们的船并着了。烁烁的灯光逼得我们皱起了眉头;我们的风尘色全给它托出来了,这使我不安了。那时一个伙计跨过船来,拿着摊开的歌折,就近塞向我的手里,说:"点几出吧!"他跨过来的时候,我们船上似乎有许多眼光跟着。同时相近的别的船上也似乎有许多眼睛炯炯的向我们船上看着。我真窘了!我也装出大方的样子,向歌妓们瞥了一眼,但究竟是不成的!我勉强将那歌折翻了一翻,却不曾看清了几个字;便赶紧递还那伙计,一面不好意思地说:"不要,我们……不要。"他便塞给平伯,平伯掉转头去,摇手说:"不要!"那人还腻着不走。平伯又回过脸来,摇着头道:"不要!"于是那人重到我处。我窘着再拒绝了他。他这才有所不屑似的走了。我的心立刻放下,如释了重负一般。我们就开始自白了。

113

这几个段落记叙了夏夜泛舟秦淮河的见闻感受。在作者笔下，秦淮河如诗，如画，如梦一般。奇异的"七板子"船，足以让人发幽思之情；温柔飘香的绿水，仿佛六朝金粉所凝；缥缈的歌声，似是微风和河水的密语。文章意味隽永，既有诗的意境，又有画的境界，正所谓文中有画，画中有文。船只、绿水、灯光、月光、大中桥、歌声……作者抓住这种种景物的光、形、色、味，细细描绘，明丽中不见雕琢，淡雅而不俗气，使秦淮河在水、灯、月的交相辉映中摇曳生姿。文章开篇，作者由灯进入历史，借助对历史影像的缅怀，将秦淮河写得虚虚实实、朦朦胧胧，让人陶醉，令人神往。作者本着力于秦淮河的自然景观，却因歌妓的出现淡化了自然和自己的审美情趣。文章最后几段，作者把自己当时那种想听歌，却又碍于"道德律"的束缚，一心想超越现实，但又不能忘却现实的矛盾心情剖析得淋漓尽致，那种真实具体的情感给予读者极大的感染力，同时也为从梦中回到现实做好了铺垫。

很多朗读者可能都去过秦淮河，也都曾泛舟桨声灯影里的秦淮河，因此朗读好文章的前半部分应该并不难，没有去过的人也可借助想象、联想唤起情绪记忆。但是时代变了，我们如今是不可能遇到作者当时所遇到的情景的。后文，作者说，"在歌舫划来时"，他的"憧憬""变为盼望"，他"固执的盼望着，有如饥渴"。而后面又写他在"众目昭彰的时候"却因感到"道德律的力"的约束而"有所顾忌"，这正体现了他"一面盼望，一面却感到了两重的禁制"。如果朗读者没有置身其中，获得一种现场感，又如何看到作者在人性与"道德律的力"面前内心的真实写照，又怎么可能体验到其景其情的意蕴，准确地朗读出这篇作品的真实情感呢？

# 第四节　情景再现要有主有次，敢抓敢放

　　在对作品中的人物、事件、情景进行情景再现时，朗读者要设想到哪些该处理成远景，哪些该处理成近景或特写。脑海中既要有画面的层次变化和序列变化，又要做到有主有从、有主有次，使情景再现的运动方向更明确，即情景再现要围绕着作品的主题和目的展开。细节应该反复推敲，同时展开想象与联想，作品中的情景展现得越具体、细致、真切，文章朗读起来就越形象生动、栩栩如生。与作品的主题、目的关系不大的地方，不必花费心思去左思右想，一带而过即可。

　　如《桨声灯影里的秦淮河》，整篇文章篇幅较长，反映作品主题与目的的部分在"秦淮河的水是碧阴阴的；看起来厚而不腻，……我窘着再拒绝了他。他这才有所不屑似的走了。我的心立刻放下，如释了重负一般。我们就开始自白了"这几个段落。可以说，这几个段落对点染主题是至关重要的。为了朗读出作者的创作意图，朗读者要动用生活积累，去丰富具体的感受，并唤起相应的情感，把听众带到情境中去，使之受到感染，这样作品的朗读目的就达到了。再如前文提及的朱自清的《背影》与《荷塘月色》中的几个段落，都对揭示作品的主题与目的至关重要，都需要仔细琢磨、真切感受、逼真再现。

　　有的朗读者了解了情景再现的作用后，便乱用一气，不围绕作品的主题和目的展开，而是抓住每个段落，甚至连一些细枝末节都进行想象，结果把文章朗读得支离破碎，沦为情景再现的"杂货铺"。有的作品易上口，也易抒发感情；有的文章工整规范，但不够生动活泼。

115

朗读者不能仅凭个人的好恶和兴趣去朗读,而要敢抓敢放,学会取舍,把力量集中在关键部分,对非重点的枝枝节节一带而过,使它们起到陪衬辅助作用即可。

# 第五节　情景再现一闪而过

朗读者在朗读前的想象要细致入微,尤其是重点段落、点睛之笔,需要花时间,花精力,反复体味、琢磨、推敲,但到了朗读时就不能这样了。比方说,刚过完年来单位上班,同事问你:年过得好吗?你在回答之前,脑海中一定会迅速闪现出过年时的画面——家乡的年味,丰盛的年夜饭,全家团圆等幸福情景——然后才会回答:"过得好!"在同事看来,你几乎是不假思索地说出来的,然而在你的脑海中,这些虽然仅仅是一闪而过,但浮现出来的却是具体的景象。

艺术来源于生活,但又高于生活,它不是生活的照搬,情景再现也是如此。

以小学语文课文《我的战友邱少云》中的几个段落为例。

## 我的战友邱少云(节选)

中午的时候,敌人突然打起炮来,炮弹一排又一排,在我们附近爆炸。显然,敌人已经察觉到他们的前沿阵地不太安全了,可是没有胆量冒着我军的炮火出来搜索,只好把看家的本领"火力警戒"拿出来了。

排炮过后,敌人竟使用了燃烧弹,我们附近的荒草着火了。火苗子呼呼地蔓延，烧得枯黄的茅草毕毕剥剥地响。我忽然闻到一股浓重的棉布焦味，一看，哎呀！火烧到邱少云身上了！他的棉衣已经烧着，火苗趁着风势乱窜，一团烈火把他整个儿包住了。

这个时候，他只要从火里跳出来，就地打几个滚，就可以把身上的火扑灭。我趴在他附近，只要跳过去，扯掉他的棉衣，也能救出自己的战友。但是这样一来，我们就会被山头上的敌人发觉，我们整个班，我们身后的整个潜伏部队，都会受到重大的损失，这一次作战计划就会全部落空。

我的心绷得紧紧的。这怎么忍受得了呢？我担心这个年轻的战士会突然跳起来，或者突然叫起来。我不敢朝他那儿看，不忍眼巴巴地看着我的战友活活地烧死。但是我忍不住不看，我盼望出现什么奇迹，火突然熄灭了。我的心像刀绞一般，泪水迷糊了我的眼睛。

为了整个班，为了整个潜伏部队，为了这次战斗的胜利，邱少云像千斤巨石一般，趴在火堆里一动也不动。烈火在他身上烧了半个多钟头才渐渐地熄灭。这个伟大的战士，直到最后一息，也没挪动一寸地方，没发出一声呻吟。

117

从邱少云被火烧着到壮烈牺牲，实际上足足有半个多钟头，但朗读中的情景再现要比现实生活短得多。朗读者要在这短短几分钟内捕捉到让人揪心的紧张、焦虑之情，这样才能把文章朗读得贴切、准确、生动。由此可见，情景再现是一闪而过的，旨在激发朗读者的真情实感，使其进入真实情景，达到情景交融的地步。

每个朗读者都有一定的局限性，谁也不可能经历所有的事情，要学会用自己的经验、经历去补充和丰富。平时要做个有心人，广泛地学习,读文艺作品、看话剧、听广播、看艺术展览、听音乐会等诸如此类的活动,都可以丰富我们的见闻,增强我们的感受。总之,朗读者要勤于动脑,善于分析,向生活学习,注意日常的所遇、所见、所闻,积累素材,以便要用时信手拈来。

鲁迅先生曾说过:"作者写出创作来,对于其中的事情,虽然不必亲历过,最好是经历过。"写作如此,朗读亦然。直接的生活体验、生活感受是情景再现这一艺术表现手段的重要基础。没有这个基础,间接经验不可能化为栩栩如生的艺术形象。只有在这个基础上,朗读者才能合情合理地联想自己未曾经历过的一些事情,才能使间接经验和直接经验、生活感受融为一体,从而创作出绘声绘色的形象,深深地感染听众。

至此,朗读的内部技巧——内在语和情景再现就全部讲完了。优秀的朗读者在朗读时也要努力获得对象感,无论有没有人在听,都应努力做到"心中有人"。从下一章开始,我们将进入朗读的外部技巧部分——停连、重音、语气和节奏。

# 第十一章

# 停连是朗读的
# "标点符号"

在朗读文字作品的过程中,哪里应该停顿,哪里应该连接,是非常重要的。可以说,停连是朗读的"标点符号"。

# 第一节　标点符号在朗读中的作用

大家都知道,标点符号在文章中起着非常重要的作用,其目的是让读者在阅读文章时看得清楚,瞧得明白。常用的标点符号有逗号、顿号、分号、句号、问号、冒号、感叹号、省略号等。朗读时,句号、问号、感叹号表示一句话完了的意思,停顿时间相对较长;逗号表示句子较小的停顿;顿号表明并列的意思;分号表示并列分句的停顿;冒号用以提示下文;省略号表明省略等。

这些标点符号在朗读中的作用就是用来停顿。通常来说,句号、问号、感叹号的停顿比分号、冒号长;分号、冒号的停顿比逗号长;逗号的停顿比顿号长。另外,段落之间的停顿比句子之间的停顿长。

120

# 第二节　朗读时标点符号的声态如何体现

朗读时,每一个标点符号都有一定的声音形态,否则它们就完成不了各自的任务。比如,要是把句号那表示结尾的下降音去掉,听者就无法判断句子是否已经结束;要是把问号那特有的上扬音去掉,听者就无从知道一个问题已经提出并且等待答复。问号的声态促使对方回答;感叹号的声态引发感慨、赞叹、同情或反对;冒号引起听者注意去听下面的文章。此外,标点符号在朗读时还有一个突出的作用,就是可以让朗读者平静下来，从容不迫地去朗读。

下面，我们以最常见的标点符号之一——逗号为例，一起来看看逗号在朗读中的奇妙作用。还记得每当我们念到逗号的时候，逗号的声态是怎样的吗？首先是停顿，不过在停顿之前先要做什么呢？我们需要把逗号前的最后一个字的音调往上扬。需要注意的是，声音要由下往上提，如同要把手里拿着的杯子放到一个高一点的地方，但始终没有放下。逗号的这一奇妙作用在朗读时特别重要，它能使听者耐心地等待你继续朗读没有朗读完的句子，并能使朗读者平静下来，继续朗读。尤其当我们在朗读很长的句子时，学会在逗号前面把声音上扬，会为朗读带来莫大的好处，因为听者知道你的话还没完，谁也不会没礼貌地打断或催促你。

一些朗读者在朗读文章时总显得匆匆忙忙、慌里慌张，这和没有认识并掌握标点符号的停顿作用是有很大关系的。

# 第三节　朗读中的停连

为什么要讲朗读中的停连这个问题呢？斯坦尼斯拉夫斯基曾举过一个朗读的例子，这是《奥赛罗》中的一段独白：

仿佛那黑海的

寒涛，

追着不可遏止的急流，

从不

后退，向前，

向前

奔往博斯普鲁斯

和达达尼尔海峡，——

我的流血的意向也这样

飞速奔驰，

永远

不会后退，

也不

回顾留连，

它一直要不可遏制地奔驰，

直到那野蛮的号叫声

把它吞食。

这段独白中没有一个句号，这么长的句子，谁也不可能一刻不停歇地一口气把它读完——即便一口气能读完，也得快憋死不可。为了避免这种情况的发生，朗读者必须在朗读中进行停歇。张颂指出："停连，指的是朗读语流中声音的中断和延续。在朗读中，在层次之间、段落之间、小层次之间、语句之间、词组之间，甚至词之间，都可能出现声音的中断或延续，那声音中断处是停顿，那声音延续处是连接。"

无论停或连，都是思想感情发展变化的要求，而不是随意的。首先，朗读者把自己对作品的理解和感受，按照作品的文字序列传达给听者。根据内容和体裁的需要，朗读者要把作品的层次、段落、小层次、语句、词组和词纳入语言链条，层层衔接，步步展开。在那区分、转折、呼应、递进的地方，出现了适当的声音空隙，承上启下，思前想后，就需要运用停顿。在那组织严密、感情奔流、语言推进、意思连贯的地方，出现了声音的流动，千回百转，一气呵成，就需要运用连接。其次，朗读者从生理上来说也不可能一口气把一篇作品读完，因此势必需要进行停顿；吸气之后，对于没有必要停顿（如语句中有些标注逗号的地方），或哪怕是短暂停顿的地方（如语句中有些标注顿号的地方），也要连起来读，而不要停歇。因为在朗读中，声音中断得过多、过密，会使朗读变得支离破碎，影响文章的完整性。这里需要强调的是，生理停连必须服从于语意、逻辑的停连，这是语言艺术的基本要求。

## 第四节　朗读时停连如何处理

我们这里讲的停连，主要是指朗读时语句内和语句间的停连，并不包括段落和层次的停连。因为每一个段落和层次都有明确的划分，朗读者很容易就能找到停连之处，难就难在语句内和语句间的停连。

123

停连，从来都没有一个固定的模式。每个人的文化修养不同，知识掌握不同，语言表达习惯不同，声音气息条件不同，朗读时的停连就会不同。朗读是为了让人听的，停连一定要恰当，别人才能听得懂。否则即使自己理解了，但因为停连不当，听者可能就会听不明白；更有甚者，哪怕文章是自己写的，读出来也并不一定能使听者完全明白。张颂在《朗读学》中总结归纳了停连的十种类型供大家参考，但学习者切记不可生搬硬套。

停连的位置和时间长短只有一个标准和依据,那就是服从作品内容和思想感情运动的需要及朗读者生理的需要。在符合这一标准和依据的情况下,不论停连的位置在哪,只要能使听者更易于接受,朗读的感染力更强,朗读效果更好,朗读者就可以在哪停,从哪连。

【例1】根据世界经济形势的发展变化中国开始重视国内市场的开发。

这句话中间没有标点,朗读者一口气也能念下来。但为了将语意表达得更清楚,我们朗读时就需要在"发展变化"后停顿,处理成有"标点"——"根据世界经济形势的发展变化⌒中国开始重视国内市场的开发"。

【例2】通常来说,句号、问号、感叹号的停顿比分号、冒号长;分号、冒号的停顿比逗号长。

这句话的两组顿号之间没有连接,但为了呈现停而不断的语势,避免句子停顿过多、过碎,我们就必须把顿号部分连接起来——"通常来说,句号⌒问号⌒感叹号的停顿比分号⌒冒号长;分号⌒冒号的停顿比逗号长"。

【例3】他来到湖边,仔细观察:哪天梨花开了,哪天桃花开了,哪天杏花开了,哪天黄鹂开始鸣叫了,这些自然现象的变化,他都做了翔实的记录。

如果要把这句话朗读得清晰准确、意思明了、语意抱团,我们就应该在"仔细观察"的冒号之后做一个停顿,而在"梨花开了""桃花开了""杏花开了""黄鹂开始鸣叫了"这几个逗号之间做一个连接——

"他来到湖边,仔细观察:哪天梨花开了⌣哪天桃花开了⌣哪天杏花开了⌣哪天黄鹂开始鸣叫了,这些自然现象的变化,他都做了翔实的记录"。

对朗读者来说,确定语句停连的位置和时间长短只是朗读的基础,在朗读时如何用声音把停连表现出来才是最重要的。下面,我们就来学习朗读中常见的停连处理方式。

为了让学习者看得更清楚,学得更明白,我们将用"停前""停后""收""起""紧连""缓连"来表述。

"停前"指停顿之前。上面的句子读到该停顿的地方,停顿前的词组、词、音节是一种什么情况,即如何"收"。

"收"指停顿前的声音以什么形式停下来,或者说有声到无声的变化形式是怎样的,即声音如何收住。

"停后"指停顿之后。停顿结束,下面的句子怎样开始朗读,开始时的词组、词、音节是一种什么情况,即如何"起"。

"起"指停顿后用什么形式的声音朗读出下面的话,或者说无声到有声的变化形式是怎样的,即声音如何启动。

## 1. 一句话当中的停连如何处理

（1）停前扬收

这是说停前的最后一个音节、词或词组有一种上行的趋势,感觉就像手拿着杯子往上递,表示还没完的情形,突出的表现在逗号之处。朗读中有"逢逗必扬"的说法,这里就要用停前扬收的方式去处理。

例如："盼望着，盼望着，春风来了，春天的脚步近了。"

朗读"盼望着""盼望着""来了"的时候，声音不能放下来，要扬起来。这样，语句才有一种行进感、递进感，朗读者才能恰如其分地朗读出这句话的意思。

（2）停前徐收

停前徐收这一停连的处理方式有一种声断气连、藕断丝连的感觉，也表示还没完的意思。但与逗号不同的是，这里的"没完"不是简单的没完，而是往往后面跟着一大串。

例如："发来贺电的国家有美国、俄罗斯、英国、德国、法国、日本、西班牙、葡萄牙、丹麦、挪威、瑞典、韩国、泰国、巴西、阿根廷、喀麦隆、南非等。"

朗读这句话中每个顿号之前的最后一个音节的时候，声音也不能放下来，而要扬起来。但不能扬得太长、太多，稍扬即可。用停前徐收的方式处理这类语句，有助于造成欲断还连的感觉，能使听者在听觉上引起对后面词语的期待。

（3）停后平起

停前扬收、停前徐收是让大家学会在停顿之前，声音是怎样处理、怎样收住的。停后平起、停后缓起、停后突起则是教大家学会在停顿之后，声音是怎样起来的。停后平起是指停顿后开头的字音要正常发声、平起出口。

例如："啊，真美哪！水网和湖泊熠熠生辉，大地就像是一幅碧绿的天鹅绒，公路好似刀切一样的笔直，一丘丘田又好似棋盘般

126

整齐。"

停顿之后的"大地""公路""又"等起音时,要与停顿前的声音基本一致,声音的高低变化不大,停后平起不能失去与停前语词的连续性。

（4）停后缓起

停后开头的音节、词或词组,从容发声,缓缓出口,叫作缓起。缓起时的声音一般要低一些,为后面的朗读做一个声音的铺垫。缓起时,不但要把停前的"收"稳稳托住,而且要推动后面的词语。一般来说,停顿时间稍长之后,声音要缓起;停顿之前的语句紧张,停顿之后的语句舒缓下来,声音也要缓起。

例如:"这些石刻狮子,有的母子相抱,有的交头接耳,有的像倾听水声,千态万妙,惟妙惟肖。"

"有的像倾听水声"之后,要有一个综合性停顿,时间要稍长一些。因为"千态万妙,惟妙惟肖"之前的停顿稍长,所以起音的时候要缓起。

（5）停后突起

停顿后急发声,叫作突起。对朗读者来说,突起就是不论声音是高还是低,都要改变停顿前的声音形式,让声音有新的色彩和分寸。

例如:"清早出发的时候,天气晴朗暖和,没想到中午突然刮起了狂风,下起了大雪,气温急剧下降。"

停顿前天气晴朗暖和,停顿后情况大变。此时,声音必须突起,让下面的句子有新的色彩。这里需要说明的是,突起并不意味着声音一定要大、要高,有时候声音也可能需要低、弱。

例如:"然后他待在那儿,头靠着墙壁,话也不说,只向我们做了一个手势:'散学了,︹——你们走吧。'"

这是都德《最后一课》中的一段。"散学了"之后的停顿要长一些,"你们走吧"这四个字的声音要弱一些、低一些。因为祖国沦陷了,最后一课结束了,所以心情悲痛,情绪低落,感慨无限,各种复杂的思绪涌上心头,此处要用又低又弱的声音读出"你们走吧"。

朗读时,在由松弛到紧张的转换性停顿之后,一般采取突起的方法。而大的停顿之后,突起法往往可以起到画龙点睛、抓纲举目的作用。

(6) 停而徐连

这种停连给人以一种似停非停之感,声音若停若连,连而不抻,停而不干,一般用于陈述句或较舒缓的句子。

例如:"校长向我们介绍了一年级共有多少个班,‿老师多少‿,学生多少,‿教务后勤又有多少。"

需要注意的是,停而徐连的时候,停顿处可以屏息,连接处可以吸气。

(7) 停而紧连

停而紧连一般用于有标点符号且内容紧密相连的地方。这种停顿之后连接的突出特点是停后迅速连接,给人以中间没有接点的感觉。可以不换气、不偷气,只用胸中余下的气。

例如:"连长一声令下:‿'小鬼!‿上!'我跃出战壕,‿高举红旗,‿坚决地向敌人的阵地冲上去。"

**2. 一句话完了之后的停连如何处理**

一句话朗读结束了,怎样给人以结束感呢? 主要把握以下两点:

(1) 作品当中的句子

对于作品当中的句子,由于上下句之间的停顿并非全篇的结束,因此虽然停前有结束的感觉,但在"收"的分寸上要适当控制,使形象感受和逻辑感受不中断。声音要处于落式地放下来,收得不能太过突出、明显,以便保持继续朗读下去的行进感、连续感。而停后连接也要自然、流畅、恰当,要根据上下句的意思、情绪、语气来起,可强、可弱,可急、可缓,不要有固定格式。同时,接下一句时,必须重新换气。

（2）作品篇末的结尾句

朗读结束时,气也将用完;声音停止,气息也呼出完毕。不仅收音的最后一个音节、词要下落,甚至停前的整个词组都要下落。这种感觉就像靴子终于落下了,一切都稳定踏实了。收要收住:或急收,声音要实,音节要短;或缓收,慢吐字,慢归音;或强收,坚定且果断,声音要大一些,唇舌要有力一些;或弱收,声音弱一些、平稳一些。

不少朗读者往往容易忽视篇末结尾句的处理,认为反正全篇已经朗读完了,便仓促收场,或马上泄了气,或立即掩卷,或马上下台,因而破坏了结尾的停顿所形成的气氛,失去了"余音绕梁"的效果,达不到"余味无穷"的境地。

总之,文字作品的标点符号是朗读者安排停连的重要依据和参考,必须给予充分的尊重;但我们也不能被标点符号捆住,甚至不敢越雷池半步。标点符号是为了看的,停连才是为了听的。我们既不能只是按照标点符号去朗读,也不可乱停乱连。必须根据作品内容和具体情况来安排停连,同时还要考虑到朗读者的生理条件。

当然,生理需要总是要服从于心理需要的,这正是语言艺术的基本要求。如果生理需要达不到心理需要的满足,那就只有一个办

129

法——加强训练。

听者要通过有声语言听文字作品的内容,他希望听懂,更希望受到启发和感染。"当断不断,反受其乱";该连不连,语意不全。支离破碎和混沌一片同样使人不知所云,不明其意。听者对朗读者的要求是:连到好处,停在妙处,通情达理,配合默契。

自古以来,人们在诵读文章书籍时就很重视句读,认为这是学习文章作品的要著,不但成为明其义的第一步,也成为读书者知识水平高低的标志之一。

一般来说,句子越长,内容越丰富,停连就越多;句子越短,内容越浅显,停顿就越少。感情深沉凝重时,停顿越久;情绪欢快兴奋时,连接越紧。朗读者处理停连时,要具体内容具体分析,具体语句具体分析,没有捷径可走。

停连是朗读的重要外部技巧。有些专家说停连是一张朗读的"王牌",但其实它并不是单独起作用的。停连必须同重音、语气、节奏等一起才能共同完成朗读的再创作,才能发挥它的"王牌"作用。

# 第十二章

# 朗读的重音

朗读时,停连解决的是作品内容构成的分合,而重音解决的是作品内容词语关系的主次。

# 第一节　什么是重音

我们朗读的文章作品都是由每一个段落、每一句话组成的,而每一句话又是由每一个音节、词、词组连成一体的。我们朗读时,不可能对每一个音节、词、词组平均用力,必须通过声音的形式显现出轻重缓急。因此,我们把在朗读时需要强调或突出的音节、词、词组叫作重音。需要注意的是,我们所说的重音不是整篇文章的重音,而是语句重音。

许多朗读者往往把重音与词或词组的轻重格式相混淆,这是不对的。一般来说,词与词组的轻重格式都有着一种比较稳定的语音现象,谁轻谁重是不能轻易改变的。而且,它们中的大多数也不具备区别意义的作用,轻与重只代表声音的强和弱,与作为朗读重要外部技巧的语句重音是完全不同的。同时,重音的表现形式也绝不仅仅是"加重声音"那么简单。

# 第二节　重音是为语句目的而服务的

我们朗读的每篇作品都有主题,作品中的每个段落都有寓意,段落中的每个语句都有目的,重音就是为体现语句目的而服务的。

从朗读者的声音体现角度来说,语句目的可以分为两类:一类是直接显现性目的，一类是隐含性目的。

直接显现性目的，清楚明了，直指重点，重音一目了然，不需要琢磨，更不需要推敲。重音一经突出，目的立刻显露。

例如茅盾先生《白杨礼赞》中的几句话：

"白杨树实在不是平凡的，我赞美白杨树！"

"那是力争上游的一种树！"

"我那时是惊奇地叫了一声的！"

这三个例子的语句目的非常明显，朗读者不容易读错，听者也不容易听错，从理解到表达一般都会准确无误。对于朗读者来说，只有思想感情表达得是否到位、是否充分、是否丰满的问题，而不存在是否复杂不清的问题。

隐含性目的就不同了，不但言在此而意在彼，甚至言犹在此，意竟在彼。思想的深刻性、感情的丰富性，可以超越时空的界限，生发出永恒的美感体验。

例如老舍先生《骆驼祥子》节选《在烈日和暴雨下》结尾的一段话：

133

"雨住一会儿，又下一阵，比以前小了许多，祥子一口气跑回了家。抱着火，烤了一阵，他哆嗦得像风雨中的树叶。"

仅从文字上看，这段话是一般的细节描述，"像风雨中的树叶"似乎只是一种形容"哆嗦"的明喻。但是，如果我们联系全篇来看，这个比喻使人不禁深思遐想。烈日的烤灼，暴雨的浇洒，辛苦的劳作，这不是祥子一个人的偶然遭遇，而是祥子们疲于奔命的必然境遇。那么，这难道仅仅是祥子个人命运的写照吗？不，它何尝不是黑暗的旧社会中,那些挣扎在苦海中的人们,饥寒交迫、颠沛流离、朝不保夕、水深火热的真实写照呢?何尝不是黑暗的旧社会中广大劳动者的苦难群像呢?"风雨"为何?"树叶"又为何?它们不是如此深沉强烈地感染和影响着我们吗?

隐含性目的的内涵是十分丰富的。沿着作品的主线,感着作品的重点,得着诗意的蕴藉,享着境界的高远,真是入之愈深,见之愈奇!朗读者若是能掌握这样的本领,那该是怎样的妙不可言啊!

隐含性目的失去了文字的直观性依托,深入作品的内里,需要我们进行多方面的考察,不可妄下结论。朗读初学者要锻炼自己驾驭文字语言的能力,充分发挥每一个词语在有声语言中的作用。

# 第三节 怎样确定重音的位置

我们平常说话时,由于多年语言习惯的影响,很容易就能确定重音的位置。但是,当我们朗读文字作品时,却往往困惑不明,找不到重音的位置。这是什么原因呢?主要是因为在面对书面文字的时候,我们对那些语句乃至全篇作品的内涵往往理解不深、不透。

那么,怎样确定重音的位置呢?

一些语言专家为了确定重音的位置,把重音分成了"语法重音""逻辑重音""感情重音"和"心理重音"。这种分法虽然在实践上各有千秋,但对朗读者来说,却会导致他们无所适从,不知该如何确定重音。

我以为,朗读的重音位置及表达要从朗读目的的高度出发,在理解和感受作品的基础上，深入到作品的态度感情脉络中去分析和把握。唯有如此，才能科学、具体地把握重音的一般规律，才能减少机械、生硬地确定和表达重音的常见毛病，使重音成为朗读外部技巧的重要组成部分，在朗读中发挥应有的作用。

　　说了这么多，重音的位置究竟应该怎样来确定呢？张颂在《朗读学》中总结归纳了十种重音位置的确定方法，我把这十种方法介绍给大家。

## 1. 并列性重音

　　作品中常有并列语句，语句中的词组和词因此就有了并列性。这并列关系使内容得以完整地表现。并列成分是相辅相成的有机并列，而那最主要的并列成分便形成了并列性重音。

　　并列性重音体现了内容中的不同角度、不同方面、不同情况、不同途径，但思想感情的趋向是一致的。

　　例如："如果没有太阳，地球上将到处是黑暗，到处是寒冷，没有风、雪、雨、露，没有草、木、鸟、兽，自然也不会有人。"

　　这些重音都属于并列性重音。"黑暗"与"寒冷"，"风、雪、雨、露"与"草、木、鸟、兽"，不但互相并列，而且后两组内部四个词也形成并列，同时这后两组又与"人"并列，层层并列，表明了"不能没有太阳"的目的。

　　例如："古时候有一个人，一手拿着矛，一手拿着盾，在街上叫卖。"

　　"矛"和"盾"，这是全文的核心词，在本句中只是并列关系，还没有产生对比关系。要突出这两个词，突出它们的并列关系，统领全

135

篇,引出后文。

　　并列性重音在朗读作品中的作用是十分明显的,它在体现语句目的的过程中,对于全文的结构来说,无异于支柱或筋骨。简而言之,并列性重音有以下基本规律:第一,只要是并列性语句,都会有并列性重音;第二,并列性重音在并列语句中一般处于大体相似的位置;第三,并列性重音显示着并列关系中的区别性,那些重复出现的相同词语一般不作为重音。

## 2. 对比性重音

　　运用对比突出语言目的,或加强形象,或明确观点,或渲染气氛,或显露曲折,或直陈态度,或深化感情,这在许多作品中屡见不鲜。我们必须准确区分对比的内涵,考察对比的主次,加强对比的感受,从而确定对比性重音。

　　例如:"骆驼很高,羊很矮。骆驼说:'长得高多好啊!'羊说:'不对,长得矮才好呢。'"

　　例如:"英国举行的脱欧公投结果显示,一部分英国人主张留在欧盟,而大部分英国人则希望脱离欧盟。"

　　对比性重音一般是比较容易理解的。因为现实生活中,一些对立的事物,如美与丑、真与假、善与恶、大与小、高与低、阳与阴、灵与肉,都是相比较而存在的。但对比性重音不一定都能在字面上找到相应的词句,而是可能在一个句子里包含着、隐藏着与另一个不见诸文字的句子的对比关系,这就要求我们必须从本句出发,探究对比关系的实质,引申设想另一句的具体存在。

## 3. 呼应性重音

在作品中,上文有呼,下文有应,呼应之中,主次分明,目的显露,悬念、伏笔亦得以冰释。

呼应性重音大体又可以分为三种:问答式、线索式和领起综合式。

(1) 问答式

例如:"猎人追上来找不着狼,就问东郭先生:'你看见一只狼没有? 它往哪里跑了?'东郭先生犹豫了一下,说:'我没有看见狼。这儿岔道多,它也许从岔道上逃走了。'"

这类问答式呼应性重音在朗读中较为常见,所答必应所问,才显示出呼应关系。所问和所答,要抓住它们的内在联系,即呼应重点。由于在问话中,已经包含着要求回答的方向、内容和重点了,因此答话的重音就更需要准确、恰当,不能使呼应脱节。

(2) 线索式

例如:"我们织! 我们织!"

例如:"知否,知否? 应是绿肥红瘦。"

线索式呼应性重音往往表现为在全文中的同句重复,即某一两句话反复出现,既成为某种贯穿全文的线索,又可以造成某种浓重的气氛,这在诗歌中最为突出。

(3) 领起综合式

例如:"只见那颗颗珍珠,有大如羊奶子头的,有小如红豆的,光彩夺目,熠熠生辉。"

领起综合式呼应性重音属于分合总括感受中的重音。这种分合式呼应,往往包括领起、并列、总括三个部分。重音就在它的领起词和并列词上。这种并列中的重音往往同等重要,处理起来不能分主次。

**4. 递进性重音**

有不少作品,从内容上看是层层发展的,许多句子的关系是步步递进的,我们把那体现递进关系的重音称为递进性重音。

鲁迅先生在《祝福》中对祥林嫂外貌的描写就是很好的例子。

第一次到鲁家:"头上扎着白头绳,乌裙,蓝夹袄,月白背心,年纪大约二十六七,脸色青黄,但脸颊还是红的。"

第二次到鲁家:"她仍然头上扎着白头绳,乌裙,蓝夹袄,月白背心,脸色青黄,只是两颊上已经消失了血色,顺着眼,眼角上带些泪痕,眼光也没有先前那样精神了。"

递进性重音有明显的语言链条的轨迹,递进的方向性很清楚、很稳定,与后面谈的转折性重音有明显的区别。一般来说,我们可把诸如假设句、条件句之类的句子都看作递进关系,从而找到递进性重音。

**5. 转折性重音**

递进性重音揭示同一方向进展的内容,而转折性重音正好和它相反——它是通过对相反方向的内容变化的揭示来表示说话者意图的。

例如:"这就是白杨树,西北极普通的一种树,然而决不是平凡的树!"

例如:"让那些看不起民众,贱视民众,顽固的倒退的人们去赞美

那贵族化的楠木,去鄙视这极常见,极易生长的白杨罢,但是我要高
声赞美白杨树!"

例如:"当你在积雪初融的高原上走过,看见平坦的大地上傲然
挺立这么一株或一排白杨树,难道你觉得树只是树? 难道你就不想
到它的朴质,严肃,坚强不屈,至少也象征了北方的农民? 难道你竟
一点也不联想到,在敌后的广大土地上,到处有坚强不屈,就像这白
杨树一样傲然挺立的守卫他们家乡的哨兵? 难道你又不更远一点想
到,这样枝枝叶叶靠紧团结,力求上进的白杨树,宛然象征了今天在
华北平原纵横决荡,用血写出新中国历史的那种精神和意志?"

单独来看,每句话的"难道"都是转折性重音,连起来看则是递进
性重音。

朗读者在学习转折性重音的时候,一定要先获得转折感受,再确
定转折性重音,而转折性重音又可以加强这种感受。

## 6. 强调性重音

作品中的某些语句,为了区别程度,廓清范围,对那些具有极力
强调色彩的词或词组要给予突出,我们把它们统称为强调性重音。

例如:"一代天骄,成吉思汗,只识弯弓射大雕。俱往矣,数风流
人物,还看今朝。"

例如:干,"通常是丈把高,像是加以人工似的,一丈以内绝无旁
枝";枝,"一律向上","紧紧靠拢","绝无横斜逸出";叶,"片片向上,
几乎没有斜生的,更不用说倒垂了";皮,"光滑而有银色的晕圈,微微
泛出淡青色"。

这些例子里,要强调的词或词组,有时间的久暂,有空间的大小,

有数量的多少,有程度的极限,有感情的浓淡……都给人极为鲜明的印象。因此,从语句目的出发,落实到具体的词语结构上,把那些极力强调的词或词组加以突出,便成为强调性重音。

## 7. 比喻性重音

在作品中使用比喻,可以使空泛的内容具体化,抽象的内容形象化。在朗读中要突出那比喻词语,使被比喻的事物鲜明活脱,生动可感。

例如:"在苍茫的大海上,狂风卷集着乌云。在乌云和大海之间,海燕像黑色的闪电,在高傲地飞翔。"

例如:"一会儿翅膀碰着波浪,一会儿箭一般地直冲向乌云,它叫喊着,——就在这鸟儿勇敢的叫喊声里,乌云听出了欢乐。"

例如:"一堆堆乌云,像青色的火焰,在无底的大海上燃烧。大海抓住闪电的箭光,把它们熄灭在自己的深渊里。这些闪电的影子,活像一条条火蛇,在大海里蜿蜒游动,一晃就消失了。"

需要注意的是,在不以比喻为主的语句中,不能因为有比喻而忽略重心,造成喧宾夺主。

## 8. 拟声性重音

拟声是指对声音的模拟,如许多象声词,虽然不必惟妙惟肖,但一定要近似。文字语言不同于影视作品,不可能真正描摹出任何声音形态,这是它的局限性。不过在作品内容需要的时候,作家总要找出近似的象声词来。朗读时,象声词作为拟声性重音,必须在全句中起到"传神"的作用。

例如:"雨,哗哗地下着。"

例如："几只野鸭扑棱棱飞起来。"

例如："它们这些海鸭啊,享受不了生活的战斗的欢乐:轰隆隆的雷声就把它们吓坏了。"

拟声性重音重在表现声音形象,是一种情景的再现,以传情为主,切不可因声害意,即声虽毕肖,情却不真。

## 9. 判断性重音

作品中经常用"是""在""不""没""不是""没有"等表示对人、事情、事物等明确的判断。不论用哪一个词,在句子里都表示某种判断的确定无疑,被判断的对象在上文已经出现过,下文只是强调它们被判断的性质,则这些词要作为判断性重音。

例如："小王在吗? 在。"

例如："明天有雨吗? 有雨。"

例如："乌云遮不住太阳,是的,遮不住的。"

## 10. 反义性重音

作品中的褒贬,不一定与词语的一般意义吻合。有时,正话反说,反话正说。在这种情况下,为了突出它们的相反含义,就把它们作为重音,这就是反义性重音。

例如："它没有婆娑的姿态,没有屈曲盘旋的虬枝,也许你要说它不美丽,——如果美是专指'婆娑'或'横斜逸出'之类而言,那么白杨树算不得树中的好女子;但是它却是伟岸,正直,朴质,严肃,也不缺乏温和,更不用提它的坚强不屈与挺拔,它是树中的伟丈夫!"

例如："……期间耳闻目睹的所谓国家大事,算起来也很不少了。"

例如:"尼采就自诩过他是太阳,光热无穷,只是给予,不想取得。"

例如:"……农民运动是痞子运动……"

# 第四节　重音的表达要领

通过第三节的学习,我们已经掌握了怎样确定重音的位置。但有些朗读者在朗读时,往往只注意重音的表达,却忽视了非重音的表达,忽视了重音与非重音之间的有机联系,因此常常孤立地表达重音,使重音的强调显得突兀、生硬,非重音也显得消极、暗淡。我们主张,重音的表达要与非重音的表达和谐、统一,红花虽好,也需绿叶扶持,天空虽蓝,也需白云点缀。

我们也要看到,虽然重音是为语句目的而服务的,但重音离不开思想感情的运动状态,离不开基调,离不开节奏,更离不开语气。因此,重音的表达方法不可能也不应该囿于词或词组的范围,必须联系全句、全段、全篇作品的表达。

同时,重音的表达方法也绝不仅仅是声音加重这么简单。我们既可以用"加重"的方法来突出重音,也可用"放轻"的方法来突出重音,还可以用"提高""降低"的方法来突出重音。

总之,在重音位置的确定和具体表达方法上,我们不应该希求简单、现成的公式。作为语言艺术再创作的朗读,更是同具体的思想感情运动、具体的词语序列紧密相连,它的声音形态是活的,是充满变化的,是没有捷径可走的。

# 第十三章

# 朗读的语气

在朗读中,语气占有极其重要的位置,它是语句的"神"与"形"的结合体。

# 第一节　什么是语气

作者创作的作品是以语句为基本单位的,不论单句、复句,简单句、复杂句,还是短句、长句,都包含着具体的思想感情。我们朗读作品时,当然也是以句子为基本单位,通过有声语言把句子的思想感情准确地表达出来。就朗读的语句来说,既有内在的思想感情的色彩和分量,又有外在的高低、强弱、快慢、虚实的声音形式。综合这两方面,我们称之为"语气"。

# 第二节　语气的实质

张颂认为,朗读中的语气问题,不等同于生活语言,也不等同于戏剧、影视中的角色语言,甚至不等同于朗诵语言。对此,我甚为赞同。

144

在把文字语言转化为有声语言的过程中,朗读者由作品内容激发起来的思想感情自始至终处于运动状态。朗读每一句,不仅要有每一句具体的思想感情,还要有每一句具体的声音形式。可以这么说,语气是朗读中语句的"神"与"形"的结合体。这个结合体从纵向说,是作品贯穿线的结节点,是语言链条的一环;从横向说,是朗读走向深化的入口,是感受及于听众的门窗。语气包括了语法范畴的"式"、语音范畴的"调",也包括了逻辑范畴的"理"、修辞范畴的"采",更包括了发声范畴的"色",当然也包括朗读中必不可少的"情"。在朗读中,语气占有极为重要的位置。从某种程度上来说,朗读者没有掌握语气,一定没有学会朗读;不会运用语气,一定不会有好的朗读。

# 第三节　语气从何而来

语气具体的思想感情和具体的声音形式,产生于"语言环境"之中。在朗读中,语言环境主要是指"这一句"的上下文。上文是怎样写下来的?下文是怎样接下去的?"这一句"在上下文中处于什么位置?它对上文如何"承"?对下文如何"启"?上下文又为"这一句"提供了怎样的条件和因素,创造了怎样的时空和心境?在朗读中,"这一句"在什么样的趋向、态势上显露出来?这就是语言环境对语气产生的重要影响和作用。例如,如果我们把高尔基《海燕之歌》中那句著名的"让暴风雨来得更猛烈些吧"孤立地朗读,这句话的语气应该是什么感情色彩,又是什么分量?答案恐怕是仁者见仁,智者见智。它可以是久旱逢甘雨的欣喜若狂,也可以是身处狂风暴雨中的无奈绝望,还可能是其他种种境况下的自嘲、恼火、幸灾乐祸、别有用心地唯恐天下不乱……显然,语境的不同,说话人心情的不同,说话人目的的不同,造成了不同的语气。可以这么说,语言环境是语气的生长土壤,是催动语气之舟的云帆。

145

# 第四节　语气的感情色彩

语气的感情色彩和分量是语气的灵魂。我们把"语气"一词拆开来看。"语",指有声语言,指通过声音表现出来的语句;"气",指朗读时的气息状态,指具有声音和气息合成形式的语句所流露出来的气韵。这当中,不但有语意,更有情思;不但动于衷,而且流于外;不但音随意转,气随情动,而且因情用气,以情带声;不但以气托声,而且以声、气传情。

朗读中,语气感情色彩的把握,一要贴切,二要丰富,三要深刻。贴切,是指对作品语句本质的理解感受要准确,与作品语言的本意相一致。丰富,是指对作品语句本质的体验要细腻、充分。深刻,是指要在作品的整体语境中把握具体语句的语气,要以作品的朗读目的为统领,不能为了追求语气的生动而因小失大,影响主题。

那么,如何才能把握语气贴切、丰富、深刻的感情色彩呢?

首先,要遵循正确的朗读创作道路,要同作品原创的态度、感情相一致,同广大倾听者的审美情趣、道德规范相一致。在这个基础上把握的语气才会是贴切、准确的。

语气的感情色彩,主要是从态度和感情上把握语句的本质。是非,是指正确、错误、支持、反对、赞扬、批判、亲切、严肃、活泼、郑重、坚定、犹豫等态度方面的具体性质。爱憎,是指热爱、挚爱、憎恨等感情方面的具体性质。态度、感情交融一体,可以展现各类语句的丰富多彩。但仅有这些也还不够。人的感情不可能这么单一,非黑即白,非爱即恨。有的时候,爱恨情仇是交织在一起的,是不可分割的。因此,语气的感情色彩是受到作品朗读目的和基调的制约的。朗读作品的总的感情色彩就体现在朗读的基调之中,从你开口朗读的第一句话起,朗读的基调就已经决定了朗读的总色彩。在确定朗读的具体感情色彩时,要紧扣语句本质,切忌见字生情,断章取义。

　　记得我上大学时,老师在课堂上曾以艾青的《大堰河——我的保姆》一文为例,给同学们做感情色彩准确性的分析。诗中有这样一段:

　　她含着笑,提着菜篮到村边的结冰的池塘去,

　　她含着笑,切着冰屑悉索的萝卜,

　　她含着笑,用手掏着猪吃的麦糟,

　　她含着笑,扇着炖肉的炉子的火,

　　她含着笑,背了团箕到广场上去,

　　晒好那些大豆和小麦,

　　…………

　　因为《大堰河——我的保姆》一文的总基调是深情地抒发作者对底层普通劳动人民的热爱与同情,所以作者这里写的“笑”不是轻松与舒心的,更不是意在赞美大堰河面对苦难生活的“乐观”。在朗读时,我们的语气要爱戴和同情并存,赞美也应染上辛酸和悲凉的沉重色彩,朗读起来的声音形式是“声轻但气要沉”。反之,如果用带有喜色的“气提声高”的声音形式来朗读,那就与作者的创作目的背道而驰了,这是与原作的创作目的和思想感情极不相符的,当然也是不贴切的。

147

其次,语气的丰富性,来自具体、深入、细致、准确的感受。只有感受深入了、具体了,才能体验到思想感情发展变化的细微层次;只有感受细致了、准确了,才能把握到"这一句"与其他句子的联系和差异。当我们心中明了了各个语句的语气差异后,才有可能谈到有声语言具体、丰富、细腻、准确的语气变化。

下面,我就以书信体散文《捉迷藏》为例。这篇文章写的是一位身患癌症的父亲在临终前留给六岁女儿的一封遗书,以及十年后已经十六岁的女儿给爸爸的一封回信。为了让读者更准确地掌握每句话的语气表达,把握思想感情发展的细微层次,我把全文附着如下:

### 捉 迷 藏

身患绝症的父亲留给女儿的一封遗书

可爱的女儿:

爸爸和你玩了这么多次捉迷藏,每次都一下子就被你找出来了。不过这一次,爸爸决定要躲好久好久。你慢慢地找,要是没找到,等你十六岁,还要吃完十次生日蛋糕的时候,再问妈妈,爸爸躲在哪里了,好不好? 爸爸要躲这么久,你一定会想念爸爸,对不对? 不过,爸爸不能随便跑出来,不然就输了。如果你还是很想爸爸,那么爸爸会变魔法出现。爸爸的魔法就是:趁你睡觉的时候,跑到你梦里大玩游戏;在你画图画爸爸的时候,不管好不好看,你觉得是爸爸,那就是爸爸;当你拿着爸爸的照片看的时候,爸爸也在偷偷地看着你……要记得,爸爸一直都在陪着你!

你已经是六岁的女孩子了,爸爸要拜托你一件事,要你照顾和孝顺爷爷、奶奶和妈妈。奶奶冬天的时候手会开裂,要把绵羊油从秋天就给涂上。爷爷有糖尿病,血糖很高,你要乖,不能惹他生气,每天提醒他吃爸爸从日本带回来的药,聪明的你一定知道,就是那个绿色的瓶子。妈妈工作忙,不爱吃早餐,你要记得让她每天喝牛奶,吃面包和鸡蛋。看你是不是比爸爸以前做得好?

爸爸猜想,我们这一次玩捉迷藏要玩这么久,爷爷、奶奶、妈妈有时候看不到爸爸,他们一定会偷着哭。他们偷哭,你就要逗他们笑,不然游戏输了以后,他们一定会哭得更厉害。好不好,宝贝? 我们来是看你厉害,还是爸爸厉害。准备好了吗? 游戏就要开始了!

十年后女儿的回信

亲爱的爸爸:

爸爸,我找到你了! 爸爸你知道吗? 这些年,我很厉害呀,妈妈说我做得比爸爸你还要好呢! 爷爷、奶奶和妈妈犯规时,我都很努力地逗他们笑,而且爷爷奶奶需要帮助时,我都有乖乖听你的话。爸爸……我是不是赢了? 不要担心,我很勇敢。因为我知道爸爸永远都在我身边看着我,陪我哭,陪我笑,看我闹别扭。爸爸,你真的好厉害,你的魔法让我变得很坚强。我很幸福,因为有爷爷、奶奶、你和妈妈陪着我。我不孤单。爸爸,你也不会孤单的,因为有我陪着你。所以爸爸,你不用替我操心,我已经是一个十六岁的大姑娘了,我已经懂事了。爸爸,我画了幅画,是我们一家呢! 你想我的时候,就看着这幅画;你想我的时候,我就变魔法,让你在我们的梦里游玩。爸爸,我真的好想你!

可惜,游戏结束了。

爸爸,我赢了。

我是不是可以哭了?

由于患上绝症将不久于人世,但女儿尚小,不能让她知道,因此信一开始,爸爸故意用捉迷藏的方式跟女儿这样说:

"爸爸和你玩了这么多次捉迷藏,每次都一下子就被你找出来了。不过这一次,爸爸决定要躲好久好久。你慢慢地找,要是没找到,等你十六岁,还要吃完十次生日蛋糕的时候,再问妈妈,爸爸躲在哪里了,好不好?"

爸爸在写这封信的时候,内心其实是万分沉重和难过的,但为了不让六岁的女儿直面这残酷的现实,所以他的语气并没有表现出沉重、难过,而是"语缓声轻",略带玩笑似的告诉女儿,这次要和她玩一个要躲好久好久的捉迷藏游戏。

但是,爸爸又怕女儿长久看不见自己,会想念爸爸,会心生疑问,所以紧接着写了下面这段话:

"爸爸要躲这么久,你一定会想念爸爸,对不对? 不过,爸爸不能随便跑出来,不然就输了。如果你还是很想爸爸,那么爸爸会变魔法出现。爸爸的魔法就是:趁你睡觉的时候,跑到你梦里大玩游戏;在你画图画爸爸的时候,不管好不好看,你觉得是爸爸,那就是爸爸;当你拿着爸爸的照片看的时候,爸爸也在偷偷地看着你……要记得,爸爸一直都在陪着你!"

有过孩子的人都知道,女儿跟爸爸是最要好的,是最听爸爸的话的,所以爸爸此时的语气要比开篇时的气息上提一些,声音稍高一些,情绪轻松一些,目的是使自己编的"魔法"听起来像真的似的,让女儿放心,爸爸一直就在女儿身边。

接下来,这位爸爸又不放心爷爷、奶奶和小女孩的妈妈,于是很认真地给女儿布置起任务来:

"你已经是六岁的女孩子了,爸爸要拜托你一件事,要你照顾和孝顺爷爷、奶奶和妈妈。奶奶冬天的时候手会开裂,要把绵羊油从秋天就给涂上。爷爷有糖尿病,血糖很高,你要乖,不能惹他生气,每天提醒他吃爸爸从日本带回来的药,聪明的你一定知道,就是那个绿色的瓶子。妈妈工作忙,不爱吃早餐,你要记得让她每天喝牛奶,吃面包和鸡蛋。看你是不是比爸爸以前做得好?

"爸爸猜想,我们这一次玩捉迷藏要玩这么久,爷爷、奶奶、妈妈有时候看不到爸爸,他们一定会偷着哭。他们偷哭,你就要逗他们笑,不然游戏输了以后,他们一定会哭得更厉害。好不好,宝贝? 我们来是看你厉害,还是爸爸厉害。准备好了吗? 游戏就要开始了!"

这时候,爸爸的情绪已经恢复到平时的正常状态,所以给女儿布置任务时应语气沉稳、郑重其事。

通过此例可以看出,只有深入细致地感受、体验、揣摩,并辅以声音气息上的变化,语气才能呈现出丰富性。

再次,语气的深刻性,与准确性、贴切性、丰富性是分不开的,它更突出对语气中主导色彩的准确把握。作品中的感情色彩常常不是某一种单一的感情色彩,而是以多彩、复合的形态出现的。

我仍以《捉迷藏》后半段,即十年后女儿给爸爸的回信为例。

"爸爸,我找到你了! 爸爸你知道吗? 这些年,我很厉害呀,妈妈说我做得比爸爸你还要好呢! 爷爷、奶奶和妈妈犯规时,我都很努力地逗他们笑,而且爷爷奶奶需要帮助时,我都有乖乖听你的话。"

女儿此时其实已经知道爸爸早已离开了人世,但因为是给爸爸写回信,所以还要装作不知道爸爸已经不在了,"煞有介事"地向爸爸汇报任务的完成情况。女儿这时候的声音甜美,语气活泼,完成任务的"得意之情"溢于言表。

但汇报着、汇报着,女儿的内心渐渐掩饰不住失去爸爸后的难过与思念之情,于是悲痛地说出"爸爸,我真的好想你!"这样充满深情的话。当然,女儿随后的表达也并不直白和肤浅,一直等到完成了跟爸爸玩捉迷藏的约定后,她才把失去爸爸的痛苦之情以及对爸爸的思念之意,无比真挚、浓烈、深刻地表露了出来:

"可惜,游戏结束了。

"爸爸,我赢了。

"我是不是可以哭了?"

这种语气上较大幅度的起伏松紧变化,将真挚的感情充分、鲜明、生动地表达了出来,产生了感人至深的艺术效果。反之,如果一上来就以"直白、重度"的分量表现对爸爸的思念之情,其实未必能取得现在这样动人心魄、催人泪下的艺术效果,而且会在一定程度上偏离和削弱文章的主题、艺术构思和朗读目的。

## 第五节　语气的分量

上一节我们讲了如何把握语气的感情色彩,这一节我们要讲一下语气的分量。

所谓语气的分量,是指朗读者在把握语气感情色彩的时候,要有度,有分寸,恰到好处。我们常说,真理与谬误往往仅一步之差。很多时候,只要再往前迈一步,真理便会变成谬误了。楚国的诗人、大学士宋玉曾经讲过:"增之一分则太长,减之一分则太短。著粉则太白,施朱则太赤。"意思是,任何事情都要有一个分寸,一个恰如其分的度,过了,或不足,都不好。语气的分量是对感情色彩的进一步体验,也是理性对感性的制约和把控。朗读时,语气的分量如果不及,达不到一定的度,那么表现出来的语气色彩就不透、不爽,就像炉火上烧着的水,一直闷着,怎么也烧不开;反之,如果分量过火,超出了一定的度,那么水不仅会从壶里喷出来,甚至会把炉火都浇灭了。就拿《捉迷藏》这篇例文来说,这是一篇感情真挚、动人心扉的作品,但如果朗读时语气的分量不够,就不可能取得打动人心的艺术效果;反之,如果分量过火,就可能使听众产生逆反心理,甚至心生厌恶。

那么,朗读时,语气的分量,也就是这个"度",如何才能拿捏得恰到好处呢?我认为,没有什么"标尺"可言,只有通过对文字作品细心体味,反复掂量,根据作品的不同、朗读环境的不同、朗读对象的不同,恰如其分地表达出来。此外,感受的深浅对语气的分量有直接的作用。

153

# 第六节　语气外在的声音形式

语气的感情色彩和分量都属于内在,那么语气外在的声音形式是怎样的呢?

不少人总是拿语调的四个调类,即平直调、上扬调、弯曲调、下降调来表现语气的声音形式。这样的划分固然有着简单、明了的好处,可是语气的具体思想感情和分量怎是这样几个简单的语调就能体现出来的呢? 又怎是靠语势的五种基本形态,即波峰类、波谷类、上山类、下山类、半起类就能概括得全的呢? 语气的丰富多彩决定了它的声音形式是千变万化的。 如果硬要把丰富多彩的语气纳入某种简单、刻板的公式之中,规定某种感情、某种语句必须用某类语调或某种类型,那么我们的朗读就会走到机械、单调的歧路上去。

语气外在的声音形式究竟是否有迹可循呢? 我以为,如果仅仅去寻语气外在的声音形式,那将是无迹可寻的。 因为,语气不可能单靠声音而孤立地存在。 朗读的思想感情不仅诉诸声音,也诉诸气息,所以探寻语气的声音形式一定要和气息结合起来。

下面,我结合自己三十多年来的理论学习和朗读实践,把总结出来的探寻语气声音形式的一些实用方法介绍给大家。

### 1. 爱的情感表达

154

爱的情感表达一般是"气徐声柔"的。 朗读时,声音要柔和,口腔要松宽,气息要徐徐吐出。

### 2. 憎的情感表达

憎的情感表达一般是"气足声硬"的。 朗读时,口腔要紧,气息流动要充足、要猛,声音要刚硬。

### 3. 悲的情感表达

悲的情感表达一般是"气沉声缓"的。 朗读时,口腔如负重,气息如尽竭,声音要迟缓。

### 4. 喜的情感表达

喜的情感表达一般是"气满声高"的。朗读时,声音要透亮,口腔似千里轻舟,气息似不绝清流。

### 5. 惧的情感表达

惧的情感表达一般是"气提声凝"的。朗读时,声音像冰封,气息像倒流,口腔需紧缩。

### 6. 急的情感表达

急的情感表达一般是"气短声促"的。朗读时,口腔似弓弦,飞剑流星,气息如穿梭,经纬速成,声音短促而有力。

### 7. 冷的情感表达

冷的情感表达一般是"气少声平"的。朗读时,口腔慵懒,气息很少,声音平直、冰冷。

### 8. 怒的情感表达

怒的情感表达一般是"气粗声重"的。朗读时,口腔如鼓,气息如椽,声音如钟。

### 9. 疑的情感表达

155

疑的情感表达一般是"气细声黏"的。朗读时,口腔欲松还紧,气息欲连还断,声音踟蹰不定。

### 10. 欲的情感表达

欲的情感表达一般是"气多声放"的。朗读时,口腔积极敞开,气息力求畅达,声音有一种伸张感。

所有这些,在朗读中都不是孤立的,经常是交错结合、结伴同行的。现在许多中小学生的朗读之所以平板、单调,就是与没有掌握语气这一重要的朗读技巧和方法有着直接的关系。语气,不仅能帮助人们提高朗读水平,而且对一个人的生活、工作、家庭、事业有着直接而重要的影响。好语气才会有好关系,好情绪才能有好运气。语言是人类交际沟通的工具,它所传达的不只是干巴巴的信息,更是一种情感或者说是一种情绪。而情感或情绪的展现,除了靠遣词造句,更重要的是靠语气来传达。所以,宋庆龄先生曾说过,说话的语气有多好,遇事的运气就有多好。

# 第十四章

# 朗读的节奏

节奏,在艺术中发挥着特殊的作用。在音乐中,节奏是乐曲结构的基本要素,是音乐的重要表达手段;在舞蹈中,形体动作的节奏构成了丰富的舞蹈语汇;在绘画中,线条、色彩、光影构成了绘画的节奏;在戏剧影视中,既有情节变化、镜头运动的节奏,又有人物内心情感、语言动作的节奏。巧妙地运用和创造节奏,会给人带来新鲜活泼而耐人寻味的美感,从而吸引艺术工作者去探寻其中的精神、情感、气韵和意味。

朗读,作为一门语言艺术,当然也有着自己的朗读节奏了。

# 第一节 何谓朗读的节奏

有人说,节奏就是速度。比如,斯坦尼斯拉夫斯基在《演员自我修养》中,就是把节奏和速度放在一起表述的。所谓速度,是某一种节拍中作为单位的同一时值更迭的快慢,在有声语言中属于音长的问题,也有停顿数目多少和停顿时间长短的问题。这无疑是表达中的重要问题,也是形成节奏的重要组成部分。但是,以速度代替节奏,甚至等同于节奏,却有失偏颇。因为节奏还有其他的内容,速度只是一方面。

有人说,节奏就是抑扬。所谓抑扬,在有声语言中属于音高的问题,同速度一样,也只是节奏的重要组成部分,而非全部。

还有人说,节奏就是一连串的声音,具有一定的高低和时间的间歇。这个说法涉及了音高、音长、停顿,但仍没有说出节奏的实质。

那么,节奏的实质究竟是什么呢?在回答这个问题之前,我们暂且抛开语言的节奏,先看看世间万物的节奏。

自然界春夏秋冬的更替轮转,大海波涛拍岸声的此起彼落,国家分久必合、合久必分的形成规律,以及我们心脏的搏动起伏,肺部的吐故纳新,等等,都各自有着一定的节奏。这个节奏的实质是:世间万物的盈亏消长、升降沉浮、和合分离呈现出一定规律的变化。这个规律是什么呢? 就是事物的节奏是交替出现、循环往复的,不是混乱无章的,而是有序的、有着一定规律性的运动。

通过世间万物的节奏成因,我们可以发现,运动是形成节奏的主要成因。再来看我们的朗读,我们在本书的开篇就说过:"所谓朗读,其实就是指把我们看到的书面上的文字转化成我们可以倾听的有声语言的活动。"好了,清楚了,有声语言的活动就是形成朗读节奏的主要成因。

在分析世间万物的节奏时,我们发现它们有着交替出现、循环往复的规律。那么,朗读有这样的规律吗?

《文心雕龙》中说:"诗人感物,联类不穷,流连万象之际,沈吟视听之区:写气图貌,既随物以宛转;属采附声,亦与心而徘徊。"

好个"随物以宛转""与心而徘徊"! 这里虽没有明言朗读,却也道出了语言节奏的重要规律。

郭沫若也曾在《沫若文集》中指出:"先扬后抑的节奏,便沉静我们。先抑后扬的节奏,便鼓舞我们。"

那么,怎样更科学、更准确地表述朗读节奏的概念呢?

张颂在《朗读学》中对朗读节奏的概念作了这样的表述:"由一定的思想感情的波澜起伏所造成的,朗读全篇作品过程中所显示的,那

159

抑扬顿挫、轻重缓急的声音形式的回环往复,就是节奏。"

从张颂对朗读节奏下的定义可以看出:

第一,节奏必须包含抑扬顿挫。

第二,节奏必须包含轻重缓急。

第三,节奏必须包含声音行进、语言流动中的回环往复的特点。

其中,这第三点恰恰是节奏的核心,体现了节奏的质的规定性。节奏犹如群山的绵延起伏、大海的波浪翻滚;没有峰谷的循环往复、交替出现,没有波浪的前后呼应、有序推进,就谈不上节奏。

# 第二节 朗读节奏的类型

明确了朗读节奏的概念后,大家一定会问:那么朗读节奏都有哪些类型呢?

从作品的基调和朗读者的需要出发,我们对朗读节奏的类型进行了大致的分类,简述如下:

**1. 轻快型**

朗读要点:多扬少抑,多轻少重。基本语气、基本转换都偏于轻快。

**2. 凝重型**

朗读要点:语势较平稳,音强而着力,多抑少扬。基本语气、基本转换都显得凝重。

**3. 低沉型**

朗读要点:语势多为落潮类,句尾落点多显沉重,声音偏暗。基本语气、基本转换都带有沉缓的感受。

## 4. 高亢型

朗读要点:语势多为起潮类,峰峰紧连,扬而更扬,势不可遏。基本语气、基本转换都趋于高昂或爽朗。

## 5. 舒缓型

朗读要点:语势多扬而少坠,声较高而不着力,气流长而声清。基本语气、基本转换都比较舒服。

## 6. 紧张型

朗读要点:多扬少抑,多重少轻,气较促,音较短。基本语气、基本转换都较为急促、紧张。

以王维的《九月九日忆山东兄弟》为例。

### 九月九日忆山东兄弟

独在异乡为异客,每逢佳节倍思亲。

遥知兄弟登高处,遍插茱萸少一人。

这首诗写出了远在他乡的游子思念亲人的孤寂悲凉的心情,那低沉缓慢的基本节奏在诗中反复出现,使每一个读到它的人都能引起强烈的共鸣。这首朴素无华而又高度概括的诗,浸透着诗人孤独惦念的情思和深沉郁闷的语气。每句结尾落点的高低、轻重虽略有区别,但都呈下行语势。整首诗的语速沉缓,转换亦都采取由扬转抑的形式。就这样,相似的语气色彩和分量,相似的语势及相似的转换形式,在朗读中回环往复,形成了全诗低沉缓慢的节奏。

需要说明的是,即便认识了朗读节奏的六种类型,也不等于把握住

161

了节奏。事实上,任何一篇作品的朗读都不会如此简单。这些节奏类型,并不是说每一句话都要符合它,也不是说每一基本语气、基本转换都一样。恰恰相反,每一种节奏类型都是全局性、整体性的概括。

以《卖火柴的小女孩》为例。

## 卖火柴的小女孩

天冷极了,下着雪,又快黑了。这是一年的最后一天——大年夜。在这又冷又黑的晚上,一个乖巧的小女孩儿,赤着脚在街上走着。她从家里出来的时候还穿着一双拖鞋,但是有什么用呢?那是一双很大的拖鞋——那么大,一向是她妈妈穿的。她穿过马路的时候,两辆马车飞快地冲过来,吓得她把鞋都跑掉了。一只怎么也找不着,另一只叫一个男孩儿捡起来拿着跑了。他说,将来他有了孩子,可以拿它当摇篮。

小女孩儿只好赤着脚走,一双小脚冻得红一块青一块的。她的旧围裙里兜着许多火柴,手里还拿着一把。这一整天,谁也没买过她一根火柴,谁也没给过她一个钱。

可怜的小女孩儿!她又冷又饿,哆哆嗦嗦地向前走。雪花落在她的金黄的长头发上,那头发打成卷儿披在肩上,看上去很美丽,不过她没注意这些。每个窗子里都透出灯光来,街上飘着一股烤鹅的香味儿,因为这是大年夜——她可忘不了这个。

她在一座房子的墙角里坐下来,蜷着腿缩成一团。她觉得更冷了。她不敢回家,因为她没卖掉一根火柴,没挣到一个钱,爸爸一定会打她的。再说,家里跟街上一样冷。他们头上只有个房顶,虽然最大的裂缝已经用草和破布堵住了,风还是可以灌进来。

她的一双小手几乎冻僵了。啊,哪怕一根小小的火柴,对她也是有好处的!她敢从成把的火柴里抽出一根,在墙上擦燃了,来暖和暖和自己的小手吗?她终于抽出了一根。哧!火柴燃起来了,冒出火焰来了!她把小手拢在火焰上。多么温暖多么明亮的火焰啊,简直像一支小小的蜡烛。这是一道奇异的火光!小女孩儿觉得自己好像坐在一个大火炉前面,火炉装着闪亮的铜脚和铜把手,烧得旺旺的,暖烘烘的,多么舒服啊!哎,这是怎么回事呢?她刚把脚伸出去,想让脚也暖和一下,火柴灭了,火炉不见了。她坐在那儿,手里只有一根烧过了的火柴梗。

她又擦了一根。火柴燃起来了,发出亮光来了。亮光落在墙上,那儿忽然变得像薄纱那么透明,她可以一直看到屋里。桌上铺着雪白的台布,摆着精致的盘子和碗,肚子里填满了苹果和梅子的烤鹅正冒着香气。更妙的是这只鹅从盘子里跳下来,背上插着刀和叉,摇摇摆摆地在地板上走着,一直向这个穷苦的小女孩儿走来。这时候,火柴灭了,她面前只有一堵又厚又冷的墙。

她又擦着了一根火柴。这一回,她坐在美丽的圣诞树下。这棵圣诞树,比她去年圣诞节透过富商家的玻璃门看到的还要大,还要美。翠绿的树枝上点着几千支明晃晃的蜡烛,许多幅美丽的彩色画片,跟挂在商店橱窗里的一个样,在向她眨眼睛。小女孩儿向画片伸出手去。这时候,火柴又灭了。只见圣诞树上的烛光越升越高,最后成了在天空中闪烁的星星。有一颗星星落下来了,在天空中划出了一道细长的红光。

"有一个什么人快要死了。"小女孩儿说。唯一疼她的奶奶活着的时候告诉过她：一颗星星落下来，就有一个灵魂要到上帝那儿去了。

她在墙上又擦着了一根火柴。这一回，火柴把周围全照亮了。奶奶出现在亮光里，是那么温和，那么慈爱。

"奶奶！"小女孩儿叫起来，"啊！请把我带走吧！我知道，火柴一灭，您就会不见的，像那暖和的火炉，喷香的烤鹅，美丽的圣诞树一样，就会不见的！"

她赶紧擦着了一大把火柴，要把奶奶留住。一大把火柴发出强烈的光，照得跟白天一样明亮。奶奶从来没有像现在这样高大，这样美丽。奶奶把小女孩儿抱起来，搂在怀里。她俩在光明和快乐中飞走了，越飞越高，飞到那没有寒冷，没有饥饿，也没有痛苦的地方去了。

第二天清晨，这个小女孩儿坐在墙角里，两腮通红，嘴上带着微笑。她死了，在旧年的大年夜冻死了。新年的太阳升起来了，照在她小小的尸体上。小女孩儿坐在那儿，手里还捏着一把烧过了的火柴梗。

164

纵观全篇，尽管文中几次出现火焰幻觉的欣喜，但基本语气却是痛苦的、悲伤的。落潮类沉重的语势，缓慢低暗的色调，在回环往复中呈现出低沉型的节奏。那幻觉中的"幸福"感，在某种程度上带有轻快的语气，愈加强化了低沉的性质。我们从中既可以看到低沉型节奏类型作为这篇文章基本节奏的鲜明特点，又可以看到不同节奏类型是共存的，并且是相互渗透、相互映衬的。这一切，都丰富了朗读中节奏的变化。

# 第三节　怎样掌握朗读的节奏

## 1. 回环往复是掌握朗读节奏的关键

　　在朗读中,表现出回环往复是掌握节奏的关键之所在。那么,如何表现出回环往复呢?

　　简单地说,是作品语句、小层次、段落、层次、部分在语流中呈现的相似语势、相似语气和相似转换造成了回环往复的形态。相似语势、相似语气,是指语势类别、语气色彩和语气分量的相似,不是句句相似,而是重点句的相似,非重点句可以不同甚至相反。相似转换,是指语句之间、小层次之间、段落之间、层次之间、部分之间,有某些大体差不多的转换,像扬转抑、抑转扬、快转慢、慢转快等,像明转暗、暗转明,实转虚、虚转实等,像突转、渐转,大转、小转等。当然,这也不是说处处相似,还是要根据具体文势,但总会有相似转换的回环往复。这样既保证了朗读中时时处处有变化,又会有某种相似态势的回环往复的呈现。

165

　　我们现在回看开篇的例文《白杨礼赞》,就会发现文中的回环往复是多么的清晰而明确。不用过多分析,我们就可以发现:结尾段的重点句"我要高声赞美白杨树!"与开篇第一自然段的重点句"白杨树实在不是平凡的,我赞美白杨树!"回环往复;第八自然段的重点句"白杨不是平凡的树"与第四自然段的重点句"那就是白杨树,西北极普通的一种树,然而实在不是平凡的一种树",以及第六自然段的重点句"这就是白杨树,西北极普通的一种树,然而决不是平凡的树"回环往复;第七自然段的重点句"它没有婆娑的姿态,没有屈曲盘旋的虬枝"与第五自然段的重点句"那是力争上游的一种树"回环往复。

**2. 立足于作品的全篇和整体是节奏的基本要求**

只有局部的节奏感,就会失于零乱,限于枝枝叶叶。节奏首先要注意层次、段落的区别和联系,并落实于语气的衔接和转换。因此,节奏是整体性、全局性的表现,被目的、主题所统率,被愿望、基调所制约。只有立足于全篇,朗读中的高低、强弱、快慢、顿挫、转换等,才能够处于相互映照、前后对比的整体配置中,不致散乱流失和南辕北辙。哪一处(层次、段落)要扬,是略扬还是高扬,哪一处要抑,是稍抑还是更抑,都要立足于全篇,从文章的整体来谋篇布局。

由此,那些朗读中常常出现的不顾及全篇和整体的瞎用情,随心所欲的瞎抒情,无动于衷的麻木,心无定数的慌乱,朗读时的机械、刻板和僵硬等都会得到有效的克服,并被整体配置引渡到一种和谐有序的状态与运动中去。更进一步地说,那些语言艺术大家朗读时所具有的"跌宕起伏""一气呵成""纵横捭阖""洒脱自如""浑然天成"等整体节奏技巧,我们也可以学习并掌握,最终运用到自己的朗读实践中。

# 第四节  朗读节奏如何转换

我们已经学习了朗读的六种节奏类型,也知道了怎样掌握朗读的节奏,那么接下来我们又该如何进一步掌握节奏的转换方法呢?

节奏的转换方法,必须要在节奏类型的基础上加以运用。其实,节奏转换的方法不外乎四种,即快与慢、扬与抑、重与轻、实与虚。下面,我把这几种节奏的转换方法向大家作一个介绍。

## 1. 欲扬先抑,欲抑先扬

文章都是有主次之分的。明确了主要部分,还要认真考虑次要部分如何表达,怎样为主要部分铺垫和陪衬。如果主要部分要扬,次要部分就要抑;反之,主要部分要抑,次要部分就一定要扬。也就是说,朗读时,如果下面一个部分、层次、段落、句子要扬,那么,这一部分、层次、段落、句子就要先抑;如果下面一个部分、层次、段落、句子要抑,那么,这一部分、层次、段落、句子就要先扬。因为这种抑扬之间有上行、下行的转换,所以它是节奏的一种转换方法。

我们就以鲁迅先生的《故乡》为例,看看节奏是如何欲扬先抑、欲抑先扬的。

### 故　乡

我冒了严寒,回到相隔二千余里,别了二十余年的故乡去。

时候既然是深冬;渐近故乡时,天气又阴晦了,冷风吹进船舱中,呜呜的响,从篷隙向外一望,苍黄的天底下,远近横着几个萧索的荒村,没有一些活气。我的心禁不住悲凉起来了。

阿! 这不是我二十年来时时记得的故乡?

我所记得的故乡全不如此。我的故乡好得多了。但要我记起他的美丽,说出他的佳处来,却又没有影像,没有言辞了。仿佛也就如此。于是我自己解释说:故乡本也如此,——虽然没有进步,也未必有如我所感的悲凉,这只是我自己心情的改变罢了,因为我这次回

167

乡,本没有什么好心绪。

我这次是专为了别他而来的。我们多年聚族而居的老屋,已经公同卖给别姓了,交屋的期限,只在本年,所以必须赶在正月初一以前,永别了熟识的老屋,而且远离了熟识的故乡,搬家到我在谋食的异地去。

第二日清早晨我到了我家的门口了。瓦楞上许多枯草的断茎当风抖着,正在说明这老屋难免易主的原因。几房的本家大约已经搬走了,所以很寂静。我到了自家的房外,我的母亲早已迎着出来了,接着便飞出了八岁的侄儿宏儿。

我的母亲很高兴,但也藏着许多凄凉的神情,教我坐下,歇息,喝茶,且不谈搬家的事。宏儿没有见过我,远远的对面站着只是看。

但我们终于谈到搬家的事。我说外间的寓所已经租定了,又买了几件家具,此外须将家里所有的木器卖去,再去增添。母亲也说好,而且行李也略已齐集,木器不便搬运的,也小半卖去了,只是收不起钱来。

168

"你休息一两天,去拜望亲戚本家一回,我们便可以走了。"母亲说。

"是的。"

"还有闰土,他每到我家来时,总问起你,很想见你一回面。我已经将你到家的大约日期通知他,他也许就要来了。"

这时候,我的脑里忽然闪出一幅神异的图画来:深蓝的天空中挂着一轮金黄的圆月,下面是海边的沙地,都种着一望无际的碧绿的西瓜,其间有一个十一二岁的少年,项带银圈,手捏一柄钢叉,向一匹猹尽力的刺去,那猹却将身一扭,反从他的胯下逃走了。

这少年便是闰土。我认识他时,也不过十多岁,离现在将有三十年了;那时我的父亲还在世,家景也好,我正是一个少爷。那一年,我家是一件大祭祀的值年。这祭祀,说是三十多年才能轮到一回,所以很郑重;正月里供祖像,供品很多,祭器很讲究,拜的人也很多,祭器也很要防偷去。我家只有一个忙月(我们这里给人做工的分三种:整年给一定人家做工的叫长年;按日给人做工的叫短工;自己也种地,只在过年过节以及收租时候来给一定的人家做工的称忙月),忙不过来,他便对父亲说,可以叫他的儿子闰土来管祭器的。

我的父亲允许了;我也很高兴,因为我早听到闰土这名字,而且知道他和我仿佛年纪,闰月生的,五行缺土,所以他的父亲叫他闰土。他是能装弶捉小鸟雀的。

我于是日日盼望新年,新年到,闰土也就到了。好容易到了年末,有一日,母亲告诉我,闰土来了,我便飞跑的去看。他正在厨房里,紫色的圆脸,头戴一顶小毡帽,颈上套一个明晃晃的银项圈,这可见他的父亲十分爱他,怕他死去,所以在神佛面前许下愿心,用圈子将他套住了。他见人很怕羞,只是不怕我,没有旁人的时候,便和我说话,于是不到半日,我们便熟识了。

我们那时候不知道谈些什么,只记得闰土很高兴,说是上城之后,见了许多没有见过的东西。

第二日,我便要他捕鸟。他说:

"这不能。须大雪下了才好。我们沙地上,下了雪,我扫出一块空地来,用短棒支起一个大竹匾,撒下秕谷,看鸟雀来吃时,我远远地

169

将缚在棒上的绳子只一拉,那鸟雀就罩在竹匾下了。什么都有:稻鸡,角鸡,鹁鸪,蓝背……"

我于是又很盼望下雪。

闰土又对我说:

"现在太冷,你夏天到我们这里来。我们日里到海边捡贝壳去,红的绿的都有,鬼见怕也有,观音手也有。晚上我和爹管西瓜去,你也去。"

"管贼么?"

"不是。走路的人口渴了摘一个瓜吃,我们这里是不算偷的。要管的是獾猪,刺猬,猹。月亮底下,你听,啦啦的响了,猹在咬瓜了。你便捏了胡叉,轻轻地走去……"

我那时并不知道这所谓猹的是怎么一件东西——便是现在也没有知道——只是无端的觉得状如小狗而很凶猛。

"他不咬人么?"

"有胡叉呢。走到了,看见猹了,你便刺。这畜生很伶俐,倒向你奔来,反从胯下窜了。他的皮毛是油一般的滑……"

我素不知道天下有这许多新鲜事:海边有如许五色的贝壳;西瓜有这样危险的经历,我先前单知道他在水果店里出卖罢了。

"我们沙地里,潮汛要来的时候,就有许多跳鱼儿只是跳,都有青蛙似的两个脚……"

阿!闰土的心里有无穷无尽的希奇的事,都是我往常的朋友所不知道的。他们不知道一些事,闰土在海边时,他们都和我一样只看见院子里高墙上的四角的天空。

可惜正月过去了，闰土须回家里去，我急得大哭，他也躲到厨房里，哭着不肯出门，但终于被他父亲带走了。他后来还托他的父亲带给我一包贝壳和几支很好看的鸟毛，我也曾送他一两次东西，但从此没有再见面。

现在我的母亲提起了他，我这儿时的记忆，忽而全都闪电似的苏生过来，似乎看到了我的美丽的故乡了。我应声说：

"这好极！他，——怎样？……"

"他？……他景况也很不如意……"母亲说着，便向房外看，"这些人又来了。说是买木器，顺手也就随便拿走的，我得去看看。"

母亲站起身，出去了。门外有几个女人的声音。我便招宏儿走近面前，和他闲话：问他可会写字，可愿意出门。

"我们坐火车去么？"

"我们坐火车去。"

"船呢？"

"先坐船，……"

"哈！这模样了！胡子这么长了！"一种尖利的怪声突然大叫起来。

我吃了一吓，赶忙抬起头，却见一个凸颧骨，薄嘴唇，五十岁上下的女人站在我面前，两手搭在髀间，没有系裙，张着两脚，正像一个画图仪器里细脚伶仃的圆规。

我愕然了。

"不认识了么？我还抱过你咧！"

我愈加愕然了。幸而我的母亲也就进来，从旁说：

"他多年出门，统忘却了。你该记得罢，"便向着我说，"这是斜对门的杨二嫂，……开豆腐店的。"

哦，我记得了。我孩子时候，在斜对门的豆腐店里确乎终日坐着一个杨二嫂，人都叫伊"豆腐西施"。但是擦着白粉，颧骨没有这么高，嘴唇也没有这么薄，而且终日坐着，我也从没有见过这圆规式的姿势。那时人说：因为伊，这豆腐店的买卖非常好。但这大约因为年龄的关系，我却并未蒙着一毫感化，所以竟完全忘却了。然而圆规很不平，显出鄙夷的神色，仿佛嗤笑法国人不知道拿破仑，美国人不知道华盛顿似的，冷笑说：

"忘了？这真是贵人眼高……"

"那有这事……我……"我惶恐着，站起来说。

"那么，我对你说。迅哥儿，你阔了，搬动又笨重，你还要什么这些破烂木器，让我拿去罢。我们小户人家，用得着。"

"我并没有阔哩。我须卖了这些，再去……"

"阿呀呀，你放了道台了，还说不阔？你现在有三房姨太太；出门便是八抬的大轿，还说不阔？吓，什么都瞒不过我。"

我知道无话可说了，便闭了口，默默的站着。

"阿呀阿呀，真是愈有钱，便愈是一毫不肯放松，愈是一毫不肯放松，便愈有钱……"圆规一面愤愤的回转身，一面絮絮的说，慢慢向外走，顺便将我母亲的一副手套塞在裤腰里，出去了。

此后又有近处的本家和亲戚来访问我。我一面应酬，偷空便收拾些行李，这样的过了三四天。

一日是天气很冷的午后，我吃过午饭，坐着喝茶，觉得外面有人进来了，便回头去看。我看时，不由的非常出惊，慌忙站起身，迎着走去。

这来的便是闰土。虽然我一见便知道是闰土，但又不是我这记忆上的闰土了。他身材增加了一倍；先前的紫色的圆脸，已经变作灰黄，而且加上了很深的皱纹；眼睛也像他父亲一样，周围都肿得通红，这我知道，在海边种地的人，终日吹着海风，大抵是这样的。他头上是一顶破毡帽，身上只一件极薄的棉衣，浑身瑟索着；手里提着一个纸包和一支长烟管，那手也不是我所记得的红活圆实的手，却又粗又笨而且开裂，像是松树皮了。

我这时很兴奋，但不知道怎么说才好，只是说：

"阿！闰土哥，——你来了？……"

我接着便有许多话，想要连珠一般涌出：角鸡，跳鱼儿，贝壳，猹，……但又总觉得被什么挡着似的，单在脑里面回旋，吐不出口外去。

他站住了，脸上现出欢喜和凄凉的神情；动着嘴唇，却没有作声。他的态度终于恭敬起来了，分明的叫道：

"老爷！……"

我似乎打了一个寒噤；我就知道，我们之间已经隔了一层可悲的厚障壁了。我也说不出话。

他回过头去说："水生，给老爷磕头。"便拖出躲在背后的孩子来，这正是一个廿年前的闰土，只是黄瘦些，颈子上没有银圈罢了。"这是第五个孩子，没有见过世面，躲躲闪闪……"

173

母亲和宏儿下楼来了,他们大约也听到了声音。

"老太太。信是早收到了。我实在喜欢的了不得,知道老爷回来……"闰土说。

"阿,你怎的这样客气起来。你们先前不是哥弟称呼么?还是照旧:迅哥儿。"母亲高兴的说。

"阿呀,老太太真是……这成什么规矩。那时是孩子,不懂事……"闰土说着,又叫水生上来打拱,那孩子却害羞,紧紧的只贴在他背后。

"他就是水生?第五个?都是生人,怕生也难怪的;还是宏儿和他去走走。"母亲说。

宏儿听得这话,便来招水生,水生却松松爽爽同他一路出去了。母亲叫闰土坐,他迟疑了一回,终于就了坐,将长烟管靠在桌旁,递过纸包来,说:

"冬天没有什么东西了。这一点干青豆倒是自家晒在那里的,请老爷……"

我问问他的景况。他只是摇头。

"非常难。第六个孩子也会帮忙了,却总是吃不够……又不太平……什么地方都要钱,没有定规……收成又坏。种出东西来,挑去卖,总要捐几回钱,折了本;不去卖,又只能烂掉……"

他只是摇头;脸上虽然刻着许多皱纹,却全然不动,仿佛石像一般。他大约只是觉得苦,却又形容不出,沉默了片时,便拿起烟管来默默的吸烟了。

母亲问他,知道他的家里事务忙,明天便得回去;又没有吃过午

174

饭,便叫他自己到厨下炒饭吃去。

他出去了;母亲和我都叹息他的景况:多子,饥荒,苛税,兵,匪,官,绅,都苦得他像一个木偶人了。母亲对我说,凡是不必搬走的东西,尽可以送他,可以听他自己去拣择。

下午,他拣好了几件东西:两条长桌,四个椅子,一副香炉和烛台,一杆抬秤。他又要所有的草灰(我们这里煮饭是烧稻草的,那灰,可以做沙地的肥料),待我们启程的时候,他用船来载去。

夜间,我们又谈些闲天,都是无关紧要的话;第二天早晨,他就领了水生回去了。

又过了九日,是我们启程的日期。闰土早晨便到了,水生没有同来,却只带着一个五岁的女儿管船只。我们终日很忙碌,再没有谈天的工夫。来客也不少,有送行的,有拿东西的,有送行兼拿东西的。待到傍晚我们上船的时候,这老屋里的所有破旧大小粗细东西,已经一扫而空了。

我们的船向前走,两岸的青山在黄昏中,都装成了深黛颜色,连着退向船后梢去。

宏儿和我靠着船窗,同看外面模糊的风景,他忽然问道:

"大伯! 我们什么时候回来?"

"回来? 你怎么还没有走就想回来了。"

"可是,水生约我到他家玩去咧……"他睁着大的黑眼睛,痴痴的想。

我和母亲也都有些惘然,于是又提起闰土来。母亲说,那豆腐西施的杨二嫂,自从我家收拾行李以来,本是每日必到的,前天伊在灰

175

堆里，掏出十多个碗碟来，议论之后，便定说是闰土埋着的，他可以在运灰的时候，一齐搬回家里去；杨二嫂发见了这件事，自己很以为功，便拿了那狗气杀（这是我们这里养鸡的器具，木盘上面有着栅栏，内盛食料，鸡可以伸进颈子去啄，狗却不能，只能看着气死），飞也似的跑了，亏伊装着这么高底的小脚，竟跑得这样快。

老屋离我愈远了；故乡的山水也都渐渐远离了我，但我却并不感到怎样的留恋。我只觉得我四面有看不见的高墙，将我隔成孤身，使我非常气闷；那西瓜地上的银项圈的小英雄的影像，我本来十分清楚，现在却忽地模糊了，又使我非常的悲哀。

母亲和宏儿都睡着了。

我躺着，听船底潺潺的水声，知道我在走我的路。我想：我竟与闰土隔绝到这地步了，但我们的后辈还是一气，宏儿不是正在想念水生么。我希望他们不再像我，又大家隔膜起来……然而我又不愿意他们因为要一气，都如我的辛苦展转而生活，也不愿意他们都如闰土的辛苦麻木而生活，也不愿意都如别人的辛苦恣睢而生活。他们应该有新的生活，为我们所未经生活过的。

我想到希望，忽然害怕起来了。闰土要香炉和烛台的时候，我还暗地里笑他，以为他总是崇拜偶像，什么时候都不忘却。现在我所谓希望，不也是我自己手制的偶像么？只是他的愿望切近，我的愿望茫远罢了。

我在朦胧中，眼前展开一片海边碧绿的沙地来，上面深蓝的天空中挂着一轮金黄的圆月。我想：希望是本无所谓有，无所谓无的。这正如地上的路；其实地上本没有路，走的人多了，也便成了路。

《故乡》的节奏总体上应属凝重型，它表达了一种深沉、博大的心境，正如文章一开篇就写到的：

"我冒了严寒，回到相隔二千余里，别了二十余年的故乡去。

"时候既然是深冬；渐近故乡时，天气又阴晦了，冷风吹进船舱中，呜呜的响，从篷隙向外一望，苍黄的天底下，远近横着几个萧索的荒村，没有一些活气。我的心禁不住悲凉起来了。

"阿！这不是我二十年来时时记得的故乡？

"我所记得的故乡全不如此。我的故乡好得多了。但要我记起他的美丽，说出他的佳处来，却又没有影像，没有言辞了。仿佛也就如此。于是我自己解释说：故乡本也如此，——虽然没有进步，也未必有如我所感的悲凉，这只是我自己心情的改变罢了，因为我这次回乡，本没有什么好心绪。"

这几段的内容和心境正如作者所说，是"悲凉"的，"本没有什么好心绪"，所以朗读时要抑，后来随着对少年闰土的回忆以及杨二嫂的出场，再到同闰土的见面，朗读则由抑到稍扬，再由稍扬到更抑。朗读就在这凝重型节奏中多层转换。

但是鲁迅写《故乡》绝不仅仅是为"悲凉"而"悲凉"，为"没有什么好心绪"而"没有什么好心绪"。在这篇文章的结尾部分，鲁迅表达了对新生活充满信念与热望。所以，前面的抑哪怕再抑，也是为了给后面扬起的段落做铺垫，是先抑后扬。

当我们看到倒数第三段"我躺着，听船底潺潺的水声，知道我在走我的路。我想：我竟与闰土隔绝到这地步了，但我们的后辈还是一

177

气,宏儿不是正在想念水生么。我希望他们不再像我,又大家隔膜起来……然而我又不愿意他们因为要一气,都如我的辛苦展转而生活,也不愿意他们都如闰土的辛苦麻木而生活,也不愿意都如别人的辛苦恣睢而生活。他们应该有新的生活,为我们所未经生活过的"时,就已经是稍扬了。

倒数第二段"我想到希望,忽然害怕起来了。闰土要香炉和烛台的时候,我还暗地里笑他,以为他总是崇拜偶像,什么时候都不忘却。现在我所谓希望,不也是我自己手制的偶像么?只是他的愿望切近,我的愿望茫远罢了"时,再扬。

到了最后一段"我在朦胧中,眼前展开一片海边碧绿的沙地来,上面深蓝的天空中挂着一轮金黄的圆月。我想:希望是本无所谓有,无所谓无的。这正如地上的路;其实地上本没有路,走的人多了,也便成了路"时,已经更扬了!

如果说《故乡》的节奏转换是一种欲扬先抑,那么《卖火柴的小女孩》的节奏转换就是一种典型的欲抑先扬了。我们大家都知道,《卖火柴的小女孩》是一篇充满了对贫苦悲惨的小女孩的深切同情,鲜明地揭露和批判资本主义罪恶的优秀文章,文章以卖火柴的小女孩在旧年的大年夜冻死而结束。低沉型是这篇文章主要的节奏类型,全篇的节奏以抑为主。但为了更加突出小女孩命运的悲惨,作者在文章中巧妙地加入了进入天堂的"幻想"部分,造成了现实与虚幻的对比。而在朗读这个"幻想"部分时,朗读的节奏类型要扬,扬是为了抑,欲抑先扬,回环往复,对比深刻。

## 2. 欲快先慢,欲慢先快

在朗读中,有时抑扬变化并不大,而快慢变化较为显著,甚至以快慢变化为主。在这种情况下,快慢的回环往复也是节奏的一种转换形态。

我们就以散文《橘园颂歌》为例,看看快慢的回环往复是怎样形成节奏的转换的。

### 橘 园 颂 歌

风很大,云很低,也许要落雨了。我和海军大尉,沿着海边那条鹅卵石铺砌的小路,并肩向东走去。海军大尉是个非常豪放的人,平日爱说爱笑,现在他却无言地走。我们爬上山坡,便看见一排排  竹篱围成的院墙,这就是橘园了,在这里,埋葬了 17 个英雄的水兵。

"到了。"说完,海军大尉整理了一下军帽和衣领,双手推开了掩蔽着的竹门。我踏上橘园门口的石阶,不由得回身望去。啊,群山环抱的舰罗港全部袒露在我的眼前,这时,海上那迅疾的风正卷起万堆白浪,不息地冲击着海岸,溅出雪亮的浪花。对面,玉龙山脚下停泊了近千只落帆的渔船,在激荡的水面颠簸。左边,我们来路的近头,挨着码头,停靠着一列炮艇和战舰。右边,从两山挟持的海口出去那白茫茫的一片就是东海了。多么雄伟壮丽的景色,当年的战斗指挥部就设在这样美丽的地方。

看守橘园的老人迎出来,远远就认出了海军大尉,他连连说:"哦,哦,你又来看他们了。"他们——17 个水兵在这儿整整睡了三年。

179

我们穿过结满青色果实的橘林，走到橘园后边陡峭的石林下，那并排着有 17 座墓，坟上都培了新土，碑前的花束还很新鲜。老人说，有一群远海归来的渔民，昨天刚刚来过。我和海军大尉脱下帽子，默默地低下头来。我的心情异乎寻常，我用心里的声音和他们谈话："安息吧，亲爱的同志，你们睡在这儿是不会感到寂寞的。你们抬起头，就可以看见祖国的山、祖国的海、飞驰的风帆、辛勤的渔民，以及他们海洋般沸腾的生活。你们睡在这里，是不会感到孤单的，常常有海上归来的渔民、船夫、水兵、假期中的孩子们来看你们。今天我虽然没有献上常绿的松枝、鲜红的花束，却带来了我满腔的激情和崇敬之意。"

我默立在坟前很久很久，我不是期待全心全意回答什么，我是想起了他们一生中最光荣的时刻。

1953 年的今天，天气阴沉，舰罗港指挥部忽然收到一只海上巡逻艇发来的急电："我艇在鳌屿海面发现敌情，敌机……"——电讯到此中断了，不知是因为天气干扰呢，还是发报机发生了故障呢？一个钟头以后，海军大尉，哦，当时他还是一个炮艇中队的队长，他接受指挥部的命令，立刻带领四只炮艇，载着十几颗焦虑不安的心，迎着风浪、迎着闪电、迎着雷声赶到鳌屿出事地点。

在鳌屿浅滩地带，我们的巡逻艇已经完全沉没了，汹涌的波涛上，只漂浮着一层柴油，几顶染有血迹的水兵帽子，几件烧破了的水兵上衣。远处的渔船也扯满风帆陆续赶来救援。渔民们说，不久以前，他们看到四架敌机贴着海面从东飞来，接着，这便响起激烈的战斗声。后来，他们又看见两架敌机尾巴上带着火焰栽进了海里，两架敌机抖动着受伤的身子,呼啸着向东逃去。他们知道的,就是这些。但是,战斗是怎样打响的? 战斗是怎样进行的? 敌机是怎样被击落的? 我们的巡逻艇又是怎样被炸沉的? 没有一个人看见,也没有一个人知道。

当天傍晚,在汽笛的长鸣中,在飘扬的旗海中,在水兵和渔民的泪眼模糊中,沉没在浅滩上的巡逻艇和全部死难者都被打捞出水面。

巡逻艇中了四颗炸弹,机舱的发动机破碎了。船尾的副炮毁了,指挥台前虽然中了炸弹,前主炮还是完好的,炮筒上裹着水兵的上衣。想必是炮筒打红的时候,水兵们脱下衣服浸透了冷水裹上去的。信号兵腰部受了重伤,他爬过的软梯,也有血迹,他用皮带把自己绑在桅杆上,忍着伤痛、火烧、烟熏,发出最后的信号,以致嘴唇全被自己的牙齿咬碎了。艇长小腹上中了一排机枪子弹,他没有倒下,一只手攥着望远镜,另一只手臂挎在指挥台上的铁栏杆上,倾斜着身子,睁着眼睛,张着嘴,仿佛还在喊叫射击口令。操作兵头顶中了弹片,因为有短发覆盖,所以看不出伤痕。他半闭着眼睛,紧紧地抱着舵子,好像远航归来后暂时的小憩,一会儿还会醒来。无线电兵和三个轮机兵,他们的遗体已经难以分辨了。八个枪炮兵都赤着膊,他们的胸部完全被射击的时候炮筒喷射出来的硝烟熏黑了。枪炮长胸前更有一片火燎的水泡。他们的遗体,已经被波浪冲击得离开了艇身,是从火海里寻找到的。只有炊事兵离开了自己的岗位。他被卡在左舷的铁索上,但他的手里拿的不是饭勺和菜铲,而是一支不知从哪个战友手中接过来的冲锋枪。

181

巡逻艇的弹药仓中，没有留下一颗炮弹。每支冲锋枪中，没有一颗未出膛的子弹。战斗打得多么激烈！敌人是多么疯狂！但是我们的水兵是多么的顽强！

他们——参加这次战斗的17个水兵英勇牺牲的壮烈事迹，很快传遍了整个舰罗港。在渔民的心中，化为了无数动人心弦的美妙传说。有人说，这17个水兵并没有死，每天还和往常一样，巡行在祖国领海的边缘；有人说，在风起云涌的夜里，曾经听到过他们驾驶的那只巡逻艇，在风浪中奔驰着、呐喊着，带着仇恨、带着血迹前进，而当浪尖上邻光一闪的刹那，就看见那个年轻的信号兵高高地站在指挥台上，挥舞着缀有两条飘带的水兵帽。

是的，他们并没有死，他们永远活在人们的歌声中、传说中，他们是永生的。我为他们而感到自豪！我想，我们的孩子，将来在欢庆每一个胜利的节日的时候，会怀念起他们，以及和他们一样的革命烈士的。

我怀着崇高的敬意和海军大尉默默地告别了橘园，迈开大步，沿着海边那鹅卵石铺砌的小路往回走。远处，舰罗港正被迅疾的海风卷起万堆白浪，汹涌地冲击着沿岸，发出呼啸的声音。

开篇的"风很大，云很低，也许要落雨了。我和海军大尉，沿着海边那条鹅卵石铺砌的小路，并肩向东走去……"要慢，心情沉重；第二段的"'到了。'说完，海军大尉整理了一下军帽和衣领，双手推开了掩蔽着的竹门"也要慢，终于到了埋葬着17名水兵的地方，心情沉重；注意，紧接着的下句"我踏上橘园门口的石阶，不由得回身望去。啊，群山环抱的舰罗港全部袒露在我的眼前，这时，海上那迅疾的风正卷起万堆白浪,不息地冲击着海岸,溅出雪亮的浪花"要由慢转快,沉重的心情被浪花冲击着;但是下面的句子"对面,玉龙山脚下停泊了近千只落帆的渔船,在激荡的水面颠簸。左边,我们来路的近头,挨着码头,停靠着一列炮艇和战舰。右边,从两山挟持的海口出去那白茫茫的一片就是东海了。多么雄伟壮丽的景色,当年的战斗指挥部就设在这样美丽的地方"又由快转慢、转静了;第三、四、五自然段,从"看守橘园的老人迎出来"一直到"我默立在坟前很久很久,我不是期待全心全意回答什么,我是想起了他们一生中最光荣的时刻"要慢,再慢,为下面描写英雄战斗的场面做铺垫;第六至第十自然段是描写激烈的战斗场面的,节奏要从快到更快,再到最快;十一、十二自然段由快转平、转缓,怀念烈士;最后的结尾处,节奏又回到了慢,就如刚开篇一样,但就在这慢中突然转快,并在"迅疾的海风卷起万堆白浪,汹涌地冲击着沿岸,发出呼啸的声音"中戛然而止,全篇就在由慢转快、由快转慢、快中有慢、慢中有快的回环往复的节奏快慢变化中结束了。

183

## 3. 欲轻先重,欲重先轻

节奏的轻重变化,也可以包括虚实变化,是指可以通过声音的强弱变化、虚实变化,形成轻重相间、虚实相间的回环往复,造成节奏的变化。这里需要明确指出的是,节奏的轻重变化并不是前面所讲的重音技巧的轻重变化,而是指轻重相间的回环往复。因为,重音是为语句目的服务的,重音指的是语句的重音,而不是全篇的重音。节奏的轻重变化不像重音那样只为语句的目的服务,它是为文章的全篇服务的。这个区别必须要搞清楚,否则两者就混为一谈了。现在有些教科书甚至没有弄清楚两者的根本不同,这是不妥的,更是不对的,应该及时纠正过来。

节奏的轻重变化,要通过声音体现出来。声音形式的轻与重,不仅与朗读者用声的大小、强弱有关,还与朗读者的吐字力度、口腔控制、气息运用有关。气息饱满,吐字力度大,口腔控制强,声音就重,反之声音则轻。同时,声音形式的轻与重,还与声音的虚与实有关。用声实则声音重,用声虚则声音轻。

我们就以朱自清先生的《荷塘月色》为例,看看节奏的轻重变化、虚实变化是如何回环往复的。

## 荷 塘 月 色

这几天心里颇不宁静。今晚在院子里坐着乘凉,忽然想起日日走过的荷塘,在这满月的光里,总该另有一番样子吧。月亮渐渐地升高了,墙外马路上孩子们的欢笑,已经听不见了;妻在屋里拍着闰儿,迷迷糊糊地哼着眠歌。我悄悄地披了大衫,带上门出去。

沿着荷塘,是一条曲折的小煤屑路。这是一条幽僻的路;白天也少人走,夜晚更加寂寞。荷塘四面,长着许多树,蓊蓊郁郁的。路的一旁,是些杨柳,和一些不知道名字的树。没有月光的晚上,这路上阴森森的,有些怕人。今晚却很好,虽然月光也还是淡淡的。

路上只我一个人,背着手踱着。这一片天地好像是我的;我也像超出了平常的自己,到了另一个世界里。我爱热闹,也爱冷静;爱群居,也爱独处。像今晚上,一个人在这苍茫的月下,什么都可以想,什么都可以不想，便觉是个自由的人。白天里一定要做的事，一定要说的话，现在都可不理。这是独处的妙处，我且受用这无边的荷香月色好了。

曲曲折折的荷塘上面，弥望的是田田的叶子。叶子出水很高，像亭亭的舞女的裙。层层的叶子中间，零星地点缀着些白花，有袅娜地开着的，有羞涩地打着朵儿的；正如一粒粒的明珠，又如碧天里的星星，又如刚出浴的美人。微风过处，送来缕缕清香，仿佛远处高楼上渺茫的歌声似的。这时候叶子与花也有一丝的颤动，像闪电般，霎时传过荷塘的那边去了。叶子本是肩并肩密密地挨着，这便宛然有了一道凝碧的波痕。叶子底下是脉脉的流水，遮住了，不能见一些颜色；而叶子却更见风致了。

月光如流水一般，静静地泻在这一片叶子和花上。薄薄的青雾浮起在荷塘里。叶子和花仿佛在牛乳中洗过一样；又像笼着轻纱的梦。虽然是满月，天上却有一层淡淡的云，所以不能朗照；但我以为这恰是到了好处——酣眠固不可少，小睡也别有风味的。月光是隔了树照过来的，高处丛生的灌木，落下参差的斑驳的黑影，峭楞楞如鬼一般；弯弯的杨柳的稀疏的倩影，却又像是画在荷叶上。塘中的月色并不均匀；但光与影有着和谐的旋律，如梵婀玲上奏着的名曲。

荷塘的四面，远远近近，高高低低都是树，而杨柳最多。这些树将一片荷塘重重围住；只在小路的一旁，漏着几段空隙，像是特为月光留下的。树色一例是阴阴的，乍看像一团烟雾；但杨柳的丰姿，便在烟雾里也辨得出。树梢上隐隐约约的是一带远山，只有些大意罢

185

了。树缝里也漏着一两点路灯光，没精打采的，是渴睡人的眼。这时候最热闹的，要数树上的蝉声与水里的蛙声；但热闹是它们的，我什么也没有。

忽然想起采莲的事情来了。采莲是江南的旧俗，似乎很早就有，而六朝时为盛；从诗歌里可以约略知道。采莲的是少年的女子，她们是荡着小船，唱着艳歌去的。采莲的人不用说很多，还有看采莲的人。那是一个热闹的季节，也是一个风流的季节。梁元帝《采莲赋》里说得好：

于是妖童媛女，荡舟心许；鷁首徐回，兼传羽杯；棹将移而藻挂，船欲动而萍开。尔其纤腰束素，迁延顾步；夏始春余，叶嫩花初，恐沾裳而浅笑，畏倾船而敛裾。

可见当时嬉游的光景了。这真是有趣的事，可惜我们现在早已无福消受了。

于是又记起，《西洲曲》里的句子：

采莲南塘秋，莲花过人头；低头弄莲子，莲子清如水。

今晚若有采莲人，这儿的莲花也算得"过人头"了；只不见一些流水的影子，是不行的。这令我到底惦着江南了。——这样想着，猛一抬头，不觉已是自家的门前；轻轻地推门进去，什么声息也没有，妻已熟睡好久了。

《荷塘月色》是中国文学家朱自清任教清华大学时所写的一篇散文，因收入中学语文教材而广为人知，是现代抒情散文的名篇。文章写了荷塘月色美丽的景象，含蓄而又委婉地抒发了作者不满现实、渴望自由、想超脱现实而又不能的复杂的思想感情，为后人留下了旧中

186

国正直知识分子在苦难中徘徊前进的足迹。

文章开篇,作者就直言这几天心里颇不宁静。为何心里颇不宁静?作者没有明说,但其苦闷、沉重的心情是可以体会到的。这一段在朗读时用声要实,声音的轻重形式要重;从第二段结尾处"今晚却很好,虽然月光也还是淡淡的"开始,用声要慢慢地由实转虚,声音的轻重形式也要慢慢地由重转轻。

接下来几个描写荷塘月色美景的自然段用声都不能太实,声音也要轻一些。正如作者所说,在这静静的荷塘月色里,他感觉好像已经脱离了现实,觉得自己"是个自由的人了"。作者真的是个自由的人了吗?没有,现实依旧,只是作者暂时超脱了现实,什么也不用去想,什么也不用去理罢了。然而,荷塘月色的美景毕竟是暂时的,作者不可能永远停留在这月色下,受用这无边的荷塘美景,终究还是要回归现实的。于是作者在文章结尾的最后部分"——这样想着,猛一抬头,不觉已是自家的门前;轻轻地推门进去,什么声息也没有,妻已熟睡好久了"又回归到不满现实、渴望自由、想超脱现实而又不能的状态了。结尾处的用声又由虚转实,声音的轻重形式也再一次由轻转重了。

节奏与前面所讲的停连、重音、语气一样都是朗读的四大外部技巧,它们虽有各自的职责、各自的作用、各自的特点,但并不是孤立地存在着,而是相互联系、密不可分的。

表达作品的思想感情,是这四大朗读外部技巧的共同任务,每一技巧都是为这一中心任务服务的。其中,停连负责解决词、词组、句子、段落、层次之间的疏密关系,使朗读时的语意清晰完整;重音负责解决句子、段落中的主次问题,使语言目的明确、重点突出;节奏可以在全篇回环往复的转换中,使朗读充满蓬勃的生机与活力,为语气增添光彩;而语气是朗读内容、结构、主题、背景、目的、态度、感情、色彩、分量、主次、基调等的落脚点、结节点、汇聚点和发光点。朗读者,特别是朗读初学者,一定要努力学习和掌握这四大朗读技巧,融之于心,熟之于口,勤学苦练,这样朗读水平才能够得到极大的提高,取得长足的进步。

# 第十五章

# 不同文体的朗读

朗读者在朗读时往往会遇到不同文体的作品,而不同文体的作品对朗读有着不同的要求。

# 第一节 散文的朗读

朗读者遇到最多的一种朗读作品恐怕就是散文了。散文中所写的人生、自然、事件、景物等,都是从自身感悟出发,是作者对事物特殊意义和美的发现。这种发现,是知觉、感觉、思维的综合思考的结果,体现着作者的所思、所想、所感、所悟。

与其他文体相比,散文的写作方法更自由,绝少束缚,不拘一格。散文最显著的特征是抒情,即使是记叙,也带有强烈的感情色彩;它还常把抒情、议论等融为一体,夹叙夹议。散文在抒情时,或气势磅礴,或低吟浅唱;散文在记叙时,如诗如画,妙不可言;散文在议论时,直抒胸臆,酣畅淋漓。

散文最大的特点就是"形散神聚",我们常把散文的取材叫作"形",把作者的情感称为"神"。朗读时,要紧紧抓住情感这个"神",处理好情、声、气的关系。

在散文的朗读中,情是统帅、主导,是内在的;声音、气息是被统帅、被引导的,是外在的。朗读时要做到"形神兼备",这"神"就是情,这"形"就是声音、气息。朗读中,"情"只有通过声音和气息才能表达,同时声音和气息对于思想感情的表达也绝不是消极的、机械的,而是积极的、灵动的。朗读散文时,务必要做到气托声、声传情。

散文除了有抒情性散文,还有记叙性散文、议论性散文,那么它们的朗读又有哪些要求与特点呢？

记叙性散文的朗读，首先要抓住作品的发展线索。线索不明，层次不清，记叙的主体犹如乌云遮月，朗读就会像一盘散沙。其次要看作品的立意。立意不明，难以省人，基调就容易模糊，全篇的色彩、分量便会飘忽、杂乱。

记叙性散文的线索有时通过记叙的人、事、景、物来展现，有时根据作者的思想感情的贯穿作用而转移。它是作者的思路、作品的文气，以及朗读者的逻辑感受在记叙文中的聚结。朗读者通过对记叙性散文的线索进行剖析和把握，不仅有利于突出记叙文的特点，也有利于当好听者的向导。

记叙性散文的立意多不直陈，而是通过记人叙事向读者展现深思遐想的天地。那些朗读大家们不会自始至终地把立意强加给听者，而是沿着作品的发展线索因势利导，使听者在润物细无声中敞开心扉。朗读者不要只在抒情、明理的直露语句上下功夫，而应该透过人、事、景、物的具体变化，使作品的立意生发开去、深沉起来。那种忽视立意的具体性，只专注于某些"点题句"的朗读，往往显得浅薄。朗读者感受得越具体，就越有助于朗读时立意的开拓、丰富和深沉。

沿着作品发展的线索，显示作者的深沉立意，要靠丰富纯熟的朗读技巧来细腻地表达和得体地点染。表达细腻和点染得体应该是记叙性散文朗读的重要特征。由于记叙文中大量的篇幅是叙述，朗读时要注意把语句化开。根据发展线索、主次关系，细腻地表达，舒展地朗读。这里需要特别指出的是，舒展地朗读极其重要，如果朗读时不够舒展，就会出现紧紧巴巴的语流，导致朗读的效果仓促而平淡。

191

另外，尤其要防止吃字、滚字、吐噜字的现象。

记叙性散文往往有大量的描写性语句。在朗读描写性语句时，不宜夸张，必须把握生活图景的真实再现，将其实实在在地呈现在听者面前，切忌故作多情，自我陶醉。

记叙性散文中常常会出现人物。与戏剧、小说不同的是，散文中的人物都要写意化。人物的写意化，就是以人物的精神境界、思想深度为重点，重在写"心"，不需要着意模拟人物的音容笑貌、方言土语。

记叙性散文的立意是自然显露的，听者在因势利导中受到感染。因此朗读时，声音不需高音大嗓，而要沉稳、冷静，甚至还应有一些轻柔。因为，沉稳、冷静、轻柔的声音才容易入耳、入心，才有利于细腻表达、得体点染。

议论文的论点是文章的精华，是题旨的所在；而论据是论点的支柱，是论证的依据。在议论文的朗读中，论点应如箭，论据应如弓。不论是立论还是驳论，一定要旗帜鲜明，切忌隐晦曲折。

论点之间，以及论点与论据之间，那严谨的逻辑关系，朗读者务必清晰明了，形成语言链条，以解决"为什么这样说"和"怎样才能这样说"的问题。在议论文提出问题、分析问题、解决问题的过程中，要特别加强逻辑感受，这样才能具体把握语言链条，形成朗读文章时的逻辑力量。要胸有成竹、有条不紊地理解和感受"起、承、转、合"的脉络，紧紧地抓住逻辑感受，方能朗读出一定的论说色彩。

在议论文的朗读中，态度必须鲜明，感情却要相对含蓄，这是议论文以理服人的特点所决定的。

态度鲜明，要求朗读时的语气不可犹豫不决，而要果断、肯定。

但不可以势压人，强迫听者接受，更不可妄自尊大、令人生畏。《文心雕龙》曾写道："文之任势，势有刚柔，不必壮言慷慨。"议论文的朗读语气，必须化入内心感受，纳入逻辑链条，形之于声，高屋建瓴。

议论文的重音是议论文朗读的点睛之处。朗读时，重音要扎实、确切，在稳健的语流中呈现。重音最常见的表达方法是加重并延长音节。当然，重度和长度要看语气的色彩和分量，不应雷同。有时，为了表示语气的深沉，还会同时并用低、重、长的方法来表达重音。

议论文中会经常引用别人的话，或经典警语，或名言名句，这些可统称为引语。对此，朗读时应该给予突出，分量要与上下文有所区别，引语前后要稍有停顿。

在议论文中，感情的表达也很重要。议论文中的感情总是寓于理中，并不直抒胸臆，完全不像抒情性散文那样色彩纷呈。议论文中感情的运动要控制在心里，在适当处流露于态度的分寸中，看似平静客观，实则情理交融。

# 第二节　诗歌的朗读

## 1. 自由诗的朗读

自由诗是没有规则的音节、韵律及其他正规设计的诗。它追求"有机形式"，依靠言语的自然节奏。这种言语对诗的主题和感情来说是"自然"的。自由诗并非什么现代发明，但它随着现代主义的到来而占据着显著、重要的地位。

一般认为，19 世纪美国诗人惠特曼是自由诗的创始者，他的代表作为《草叶集》。

"五四"前后,自由诗开始在我国流行。自由诗从旧式诗词格律的镣铐里脱胎而出,在体式、音节、语言方面力求解放,显示出以下这些新的特色:

首先,破除僵化、陈腐的文言,以白话加入诗行。尤其提倡以接近大众口语的简洁亲切的俗字俗语取代文言的艰涩滥调,实写社会状况,表现真挚的感情和崭新的思想。

其次,在音节韵律上破除旧体诗词的声韵、格律平仄,废除骈偶、典故等僵化的束缚,讲究切合自然音乐而不必拘于音韵。诗歌的声气音节轻重缓急、抑扬顿挫只求合乎诗人自身情绪感兴的自然消长和语气的自然节奏。

另外,自由诗在体式上有意追求一种无拘无束、自由自在的表达方式。不为格律音韵所束缚,毫无顾忌地倾吐心里的东西;诗既不分行也不押韵,即使分节分行,也完全按照作品内容随意排列。这些都是自由诗艺术形式上的主要特点。

自由诗的不足也非常明显:诗的语言和形式自由开放,缺乏应有的约束,语风散漫,总显得平铺直叙,一览无余。这种过分直露和明快的毛病,不仅使诗作本身缺乏应有的意境和充沛深刻的感情,也导致诗歌从整体的构成上丧失了美感,听者往往听不出诗行,不觉得有诗味,自由诗的朗读变得和一般散文的朗读差不多。

那么,怎样才能朗读好自由诗呢?

(1) 感情真挚,因境抒情

真挚的感情是朗读好自由诗的根本前提。另外,不论是叙事诗还是抒情诗,如果没有朗读出意境,就不算好的朗读。尤其要注意那句句比喻、处处象征的诗,它们像万花筒般千变万幻,如果不从意境着眼,就会如同坠入云雾之中,不知所云。

例如在青年中广为传诵、脍炙人口的《致橡树》。

## 致　橡　树

我如果爱你——

绝不像攀援的凌霄花,

借你的高枝炫耀自己;

我如果爱你——

绝不学痴情的鸟儿,

为绿荫重复单调的歌曲;

也不止像泉源,

常年送来清凉的慰藉;

也不止像险峰,

增加你的高度,衬托你的威仪。

甚至日光,

甚至春雨。


不,这些都还不够!

我必须是你近旁的一株木棉,

作为树的形象和你站在一起。

根,紧握在地下;

195

叶,相触在云里。

每一阵风过,

我们都互相致意,

但没有人,

听懂我们的言语。

你有你的铜枝铁干,

像刀,像剑,也像戟;

我有我红硕的花朵,

像沉重的叹息,

又像英勇的火炬。


我们分担寒潮、风雷、霹雳;

我们共享雾霭、流岚、虹霓。

仿佛永远分离,

却又终身相依。

这才是伟大的爱情,

坚贞就在这里:

爱——

不仅爱你伟岸的身躯,

也爱你坚持的位置,

脚下的土地。

《致橡树》是舒婷创作于1977年3月的爱情诗,是朦胧诗派的代表作之一。作为新时期文学的发轫之作,《致橡树》在文学史上的地位是不言自明的。作者通过木棉树对橡树的"告白",来否定世俗的、不平等的爱情观,呼唤自由、平等独立、风雨同舟的爱情观,喊出了爱情中男女平等、心心相印的口号,发出了新时代女性的独立宣言,表达了对爱情的憧憬与向往。

在艺术表现上,诗歌采用了内心独白的抒情方式,便于坦诚、开朗地直抒诗人的心灵世界,同时以整体象征的手法构造意象(全诗以橡树、木棉的整体形象对应象征爱情双方的独立人格和真挚爱情),使哲理性很强的思想意念得以在亲切可感的形象中生发、诗化,这首诗也因此富于理性气质。

(2) 把握节奏,重视诗味

若说节奏是诗的生命,这一点也不过分。自由诗艺术形式上的主要特点,就是诗歌的声气音节轻重缓急、抑扬顿挫只求合乎诗人自身情绪感兴的自然消长和语气的自然节奏。朗读时,如果不把握好节奏,就会只剩下"自由"而丢掉了"诗"味。

诗味,恰从节奏中来。自由诗朗读的节奏,不但展现着意境美,而且显示着音韵美,诗味便如影随形地飘散出来。

197

自由诗本身就包含着符合诗情的语节(我们这里所说的语节,含有音步、节拍的意思);如果仅从语节看,远不如格律诗那样整齐。自由诗本身是分行写出来的;如果从分行看,长短不一,有的诗行甚至不成语句。自由诗多数要分诗节,或两行一个诗节,或四行、五行甚至更多行为一个诗节,全诗分若干个诗节。比如《致橡树》就可以分为三个诗节。

第一节的"我如果爱你——绝不像攀援的凌霄花,借你的高枝炫耀自己;我如果爱你——绝不学痴情的鸟儿,为绿荫重复单调的歌曲;也不止像泉源,常年送来清凉的慰藉;也不止像险峰,增加你的高度,衬托你的威仪。甚至日光。甚至春雨",表达了木棉既不想高攀对方,借对方的显赫来炫耀虚荣,也不想一厢情愿地淹没在对方冷漠的浓荫下,独自唱那单恋的痴曲。

第二节的"不,这些都还不够! 我必须是你近旁的一株木棉,作为树的形象和你站在一起",说明了木棉偏要打破爱情中只提倡为对方牺牲的藩篱,鲜明地表示自己不愿当附属品,成为对方的陪衬和点缀,而是必须与对方站在同等的地位上。"根,紧握在地下;叶,相触在云里。每一阵风过,我们都互相致意,但没有人,听懂我们的言语",表明了恋人之间的并肩携手、心心相印。"你有你的铜枝铁干,像刀,像剑,也像戟",象征男性——伟岸挺拔,刚强不屈,锋芒锐利,具有阳刚气概;"我有我红硕的花朵,像沉重的叹息,又像英勇的火炬",象征女性——健康活泼,美丽动人,深沉博大,坚韧不屈,具有柔韧气质。作者在这里提出了现代女性所应有的爱情观,那就是真正意义上的男女平等,心心相印,互敬互爱,志同道合。男女独立的人格不但没有失去应有的光辉,反而在相互的掩映下更加璀璨。

第三节的"我们分担寒潮、风雷、霹雳;我们共享雾霭、流岚、虹霓。仿佛永远分离,却又终身相依",表明了恋人要"同甘苦,共患难"。也就是爱情双方都置身于同一现实环境中,无论是艰辛的生活还是幸福的境遇,他们都一同分享。"这才是伟大的爱情,坚贞就在这里:爱——不仅爱你伟岸的身躯,也爱你坚持的位置,脚下的土地"中,作者想要表达爱情的坚贞不仅表现在自己忠实于对方的"伟岸的身躯",即达到外貌上的倾慕和形体上的结合,还要更进一步地把对方的工作岗位、信念和理想也纳入自己的爱情怀抱。也就是站在同一阵地,有着同一种生活信念。

这样,语节、诗行、诗节就成了朗读时有声语言的"步子"。朗读时要跟着节奏随步移形,注意呼应对称。

（3）起伏跌宕,停连灵动

比起格律诗,自由诗的朗读可以更加起伏跌宕,可以更加停连灵动。

朗读自由诗,要因境抒情,因情用声。要善于让语势如潮起潮落,跌宕起伏;要大胆地使用突停、长停、快连、推进、虚实等表达技巧。

如《致橡树》的第二诗节:"不,这些都还不够！我必须是你近旁的一株木棉,作为树的形象和你站在一起。"朗读此处的诗行时,感情必须真挚、坚定,来不得半点犹豫不决。读到"根,紧握在地下"时,吸气要深,用气要沉,声音要厚重;读到"叶,相触在云里"时,语势坚决扬起,而且两句之间的连接要快,推进要有力。"每一阵风过,我们都互相致意,但没有人,听懂我们的言语。"朗读此处的诗行时,声音突然变轻、变柔,语气有一种自豪的感情色彩。在"听懂我们的言语"之后,要敢停,并且敢于停顿得长一些。读到最后的诗行"你有你的铜枝铁干,像刀,像剑,也像戟;我有我红硕的花朵,像沉重的叹息,又像英勇的火炬"时,要有实有虚,虚实结合,正如潮起潮落,跌宕起伏。句号后面要果断停顿,毫不拖泥带水。

需要强调的是,自由诗朗读中的起伏跌宕、停连灵动都必须以思

199

想感情为依据,不应以无情之声读有情之语。不少朗读者,甚至一些所谓的朗读大家,总喜欢以自我感觉良好的朗诵腔调来朗读诗,忽快忽慢,忽高忽低,装腔作势,令人生厌。还有一些朗读者,把自由当成了随意,想怎么朗读就怎么朗读,大大超越了诗人严谨的构思和诗篇严密的布局。那语言也是貌似口语,实则浅显,貌似自然,实则干瘪。所有这些都是不可取的。

## 2. 格律诗的朗读

我国的诗歌源远流长,《诗经》和《楚辞》是我国最早的诗集。

汉魏六朝诗一般称为古诗,包括五言诗、七言诗和乐府。

到了齐梁时代,诗体又逐渐发生了变化。这种变化主要是随着四声的发现而在诗歌创作中开始讲究平仄。当时有所谓"永明体",它的特点就是讲究声律。

到了唐代,受"永明体"影响,正式形成了一种以讲究平仄和对仗为特点的格律诗。这就是所谓"近体诗",包括律诗和绝句。

格律诗主要有四个特点:第一,句数固定;第二,押韵严格;第三,讲究平仄;第四,要求对仗。下面,我们分别来讲一下这四点。

第一,句数固定。

格律诗的句数是固定的:一般的律诗都是八句,绝句都是四句;超过八句的叫长律,又叫排律。

从诗句的字数看,有所谓四言诗、五言诗和七言诗。四言是四个字一句,五言是五个字一句,七言是七个字一句。唐代以后,四言诗很少见了,所以通常只分五言、七言两类。五言律诗简称五律,限定八句四十个字;七言律诗简称七律,限定八句五十六个字。长律一般都是五言诗。五绝共二十个字,七绝共二十八个字。

我们说格律诗的句数是固定的,但不能反过来说,凡是八句的都叫律诗,四句的都是绝句。因为句数固定还不是格律诗最本质的特点。格律诗最本质的特点是讲究平仄。

第二,押韵严格。

中国人在作诗、作词时特别讲究"押韵",亦称"压韵"。诗词押韵,不仅便于吟诵和记忆,还能使作品具有节奏和谐之美。从《诗经》到后代的诗词,几乎没有不押韵的。民歌也没有不押韵的。在北方戏曲中,韵又叫辙。押韵叫合辙。一首诗有没有韵,一般人都能觉察得出来;不过要想说清什么是韵,却不太简单。所幸今天我们有了汉语拼音字母,对于韵的概念还是容易说明的。

诗词中所谓的韵,大致等于汉语拼音中所谓的韵母。大家知道,一个汉字用拼音字母拼起来,一般都有声母和韵母。例如"公"字拼成 gōng,其中 g 是声母,ong 是韵母。声母总是在前面的,韵母总是在后面的。我们再看"东"(dōng)、"同"(tóng)、"隆"(lóng)、"宗"(zōng)、"聪"(cōng)等,它们的韵母都是 ong,所以它们是同韵字。

凡是同韵的字都可以押韵。所谓押韵,就是把同韵的两个或更多的字放在同一位置上。一般总是把韵放在句尾,所以又叫"韵脚"。

诗歌都是押韵的。有的是句句押韵,有的是隔句押韵。格律诗押韵的位置是固定的。律诗是二、四、六、八句押韵(注:长律也是偶句押韵),绝句是二、四句押韵。无论律诗还是绝句,首句可以用韵,也可以不用韵。另外,格律诗不能"出韵",也就是说,韵脚(即押韵的字)必须只用同一个韵中的字,不许用邻韵的字。无论律诗、长律还

201

是绝句,都必须一韵到底。例如北宋王安石的《书湖阴先生壁》:

## 书湖阴先生壁

茅檐长扫净无苔(tái),

花木成畦手自栽(zāi)。

一水护田将绿绕,

两山排闼送青来(lái)。

这里"苔""栽"和"来"押韵,因为它们的韵母都是 ai。"绕"字不押韵,因为"绕"字拼起来是 rào,它的韵母是 ao,和"苔""栽""来"不是同韵字。依照诗律,像这样的四句诗,也就是绝句,第三句是不押韵的。

在拼音中,a、e、o 的前面可能还有 i、u、ü,如 ia、ua、uai、iao、ian、uan、üan、iang、uang、ie、üe、iong、ueng 等,这种 i、u、ü 叫作韵头。韵头不同,但韵腹和韵尾相同的字也算是同韵字,也可以押韵。例如南宋范成大的《四时田园杂兴》:

## 四时田园杂兴

昼出耘田夜绩麻(má),

村庄儿女各当家(jiā)。

童孙未解供耕织,

也傍桑阴学种瓜(guā)。

"麻""家""瓜"的韵母分别是 a、ia、ua。虽然韵母不完全相同,但这三个字是同韵字,同样押韵。

押韵的目的是为了声韵的和谐。同类乐音在同一位置上的重复,就构成了声音回环的美。

但是,为什么有时候我们读古诗时,常常会觉得它们的韵并不十分和谐,甚至很不和谐呢? 这是因为时代不同了,语言发展了,语音也有了变化。我们用现代的语音去读它们,自然不能完全适合。例如唐代杜牧的《山行》:

### 山　　行

远上寒山石径斜(xié),

白云生处有人家(jiā)。

停车坐爱枫林晚,

霜叶红于二月花(huā)。

"斜"(xié)和"家"(jiā)、"花"(huā)不是同韵字,但是唐代把"斜"字读 xiá,和现代上海话"斜"字的读音一样。因此,这在当时是和谐的。又如唐代李益的《江南曲》:

### 江　南　曲

嫁得瞿塘贾,

朝朝误妾期(qī)。

早知潮有信,

嫁与弄潮儿(ér)。

203

在这首诗里,"期"和"儿"是押韵的。按照今天普通话的发音去读,qī 和 ér 不能算押韵。但如果按照上海的白话音念,"儿"字读起来像 ní 音(这个音正接近古音),那就和谐了。今天我们当然不可能(也不必要)按照古音去读古人的诗;不过我们应该明白这个道理,才不至于怀疑古人所押的韵是不和谐的。

古人常把相同韵的字归纳到一类,这种类别即为韵部。同一韵部内的字都为同韵字。唐诗就是以唐朝时期的韵书《唐韵》或《切韵》来押韵的。

第三,讲究平仄。

平仄是形成格律诗最重要的因素。格律诗的平仄看起来很复杂,但是基本要求只有一个:平仄相间,以求得声调的抑扬顿挫。

普通话的声调有四个:阴平、阳平、上声、去声,简称"四声"。古代汉语,主要指的是中古汉语的声调也有四个:平声、上声、去声、入声,也叫"四声"。

"平"就是指古四声中的平声字(包括今阴平和阳平),"仄"即"不平",指非平声字,包括古四声中的上声、去声和入声字。

古四声发展到今四声,平声分为阴平和阳平,但仍然是平声;上声一部分字并入去声,上声和去声都是仄声。唯有古入声,原属仄声,现在分别归入今阴平、阳平、上声、去声,分辨起来感到困难。今天我们读古诗词,有些觉得不协调,那是古今声调发生变化的缘故。

以五言律诗的平仄格式为例。律诗一共八句,每两句成为一联。这样,一首律诗分成四联:第一二句称为首联,第三四句称为颔联,第五六句称为颈联,第七八句称为尾联。每联的上句称为出句,下句称为对句。

五言律诗的句子只有四个类型:

A 仄仄仄平平　a 仄仄平平仄

B 平平仄仄平　b 平平平仄仄

其中,A 和 a 为一类,头两个字都是仄仄,是仄起句;区别在于 A 收平声,a 收仄声。B 和 b 为一类,头两个字都是平平,是平起句;区别在于 B 收平声,b 收仄声。(注意:A 与 a,B 与 b,第三字的平仄也相反)

律诗有"粘对"的讲究。所谓"粘",是指上联的对句和下联的出句的平仄类型必须是同一大类的:上联对句是 A 型,则下联出句是 a 型;上联对句是 B 型,则下联出句是 b 型。也就是后联出句第二字的平仄必须跟前联对句第二字的平仄一致,平粘平,仄粘仄,把两联粘连起来。所谓"对",是指每联的出句和对句必须是相反的类型:出句是 a 型,则对句是 B 型;出句是 b 型,则对句是 A 型。也就是在对句中,平仄完全是对立的。例如唐代杜甫的《春望》就是 aB,bA,aB,bA:

### 春　　望

国破山河在,(仄仄平平仄)

城春草木深。(平平仄仄平)

感时花溅泪,(平平平仄仄)

恨别鸟惊心。(仄仄仄平平)

烽火连三月,(仄仄平平仄)

家书抵万金。(平平仄仄平)

白头搔更短,(平平平仄仄)

浑欲不胜簪。(仄仄仄平平)

205

懂了五律的平仄规则以后,对于七律的平仄就容易懂了。七言律诗不过是在五言律诗的前面增加两个字,把仄起变为平起,把平起变为仄起罢了。

七言律诗的句子也只有四个类型：

A 平平仄仄仄平平　a 平平仄仄平平仄

B 仄仄平平仄仄平　b 仄仄平平平仄仄

绝句也有四种格式。和律诗一样，五言绝句以首句不入韵的仄起式为最常见，七言绝句以首句入韵的平起式为最常见。

第四，要求对仗。

格律诗的另一个特点是讲究对仗。格律诗的对仗，显然是受了骈体文的影响。如果借用散文的术语，律诗可以说是"骈散兼行"。律诗的一般情况是半骈半散：首尾两联是散行的，中间两联则规定要用对仗。

长律的对仗和律诗一样：首联可以用对仗，也可以不用；中间各联一律要用对仗；尾联不用对仗，以便结束。

绝句一般是截取律诗的首尾两联，也就是完全不用对仗。但是也有一种相当普遍的情况，就是截取律诗的后半，即颈联和尾联。这就是说，开始一联用对仗。

格律诗的对仗，和骈体文的对仗一样，句法结构相同的语句相为对仗，这是正格。但是我们也应该注意到，格律诗的对仗还有另一种情况，就是只要求字面相对，不要求句法结构相同。

字面相对也就是词类相同的互为对仗：名词对名词，代词对代词，动词对动词，形容词对形容词，副词对副词，虚词对虚词。

总的来说，格律诗的对仗不像平仄那样严格，诗人在运用对仗的时候有更大的自由。诗人善于运用对仗，可以增加诗的艺术性；但是太拘泥了就会束缚思想内容的表达。

那么,怎样才能朗读好格律诗呢?

(1) 停顿位置一致

由于格律诗对字数有严格的要求,在朗读时就应该体现出格律诗规范、严谨的特点,不能超越它对停连的固定要求,不能打破它的格式。格律诗中的标点符号同朗读时停顿的位置是一致的,不能随意打乱。

(2) 语节划分一定

我们这里所说的语节,含有节拍的意思。语节划分一定,在诗的格律要求上表现为各句中词的疏密度大体相近。不同的格律诗有不同的语节安排。我们先来看看五言诗。

## 江　雪

千山|鸟飞绝|

万径|人踪灭|

孤舟|蓑笠翁|

独钓|寒江雪|

207

我们认为,在朗读五言诗的时候,把一个句子里的五个音节划分为两个语节较为合适。第一个语节的读音可适度延长,第二个语节的朗读不必急促,但也不要太拖。这种“二、三”的格式,可以使朗读者更好地展现意境、体味诗情,不必等全部朗读完再去回味。而且,由于一句诗只有两个语节,这将有利于朗读者对各诗句进行灵活

的处理,并克服朗读时容易造成的机械呆板。我们再来看看七言诗。

## 夜 雨 寄 北

君问｜归期｜未有期｜

巴山｜夜雨｜涨秋池｜

何当｜共剪｜西窗烛｜

却话｜巴山｜夜雨时｜

由于七言诗每句含有七个音节,因此我们认为,在朗读中还是划分为三个语节为好。在七言诗中,"二、二、三"的格式最为普遍,也可以有"四、三"的格式。

格律诗语节的划分,是从具体思想感情的运动和语流速度两方面考虑的,不单纯是意义上的区分,也不单纯是节拍的和谐。格律诗之所以为格律诗,正因为它是用明显的格律来包容凝聚的思想感情的,这语节特点的存在是格律诗的重要标志之一。如果我们在朗读时不明确这一点,就很容易失去格律诗的特点,而读成了大白话或散文。至于词和曲的朗读,因为每一句基本上也是以五言、七言为基础,或断或连,错落组合而成,那么只要掌握了格律诗的格式,也就可以掌握词、曲的语节划分。或扩展,或缩紧,朗读时具体词(曲)具体处理。

（3）给韵脚以呼应

任何诗歌都讲求押韵,古今中外概莫能外,不同之处只是对于押韵的限制多与少、宽与严而已。韵律是诗歌的体态,既能在阅读时体现出一种充满韵味的构架美,又能在朗读时体现出动听悦耳的音乐美。

在朗读格律诗时，由于音韵的需要，必须给韵脚以呼应，不可含糊带过。在韵脚不是重音的诗句中，也要适当地将韵脚读得比其他音节更响亮些。

韵脚的呼应，不但有语气的色彩问题，也有基调的烘托问题，更有形成回环往复的节奏感的问题。朗读时，既不必逢韵就扬、就重，也不应轻视韵脚的作用，不讲究韵脚的表达。

（4）注意辨别平仄

格律诗对平仄的要求相当严格，本句交替、对句对立、上下相粘等等，使音律抑扬，语言优美，这在朗读中也起着重要作用。

在朗读格律诗时，要注意辨别"平仄"。南方方言地区的人可以充分利用自己方言的声调习得排除上声、去声和入声，剩下的就都是平声字了；多数北方方言地区的人，则只要记住古入声归入阴平、阳平的那部分字就行了。

例如五言诗《登鹳雀楼》：

白日依山尽，（平仄平平仄）

黄河入海流。（平平仄仄平）

欲穷千里目，（仄平平仄仄）

更上一层楼。（仄仄仄平平）

例如七言诗《出塞》：

秦时明月汉时关，（平平平仄仄平平）

万里长征人未还。（仄仄平平平仄平）

但使龙城飞将在，（仄仄平平平仄仄）

不教胡马度阴山。(平仄平仄仄平平)

不论五言诗还是七言诗,在平仄上都有着严格的规定。除此之外,在五言诗中,第二、第四个音节的平仄要求更为严格。在七言诗中,"一三五不论,二四六分明"也是这个意思。朗读者应对此有所了解,以把握格律诗的韵律。

格律诗虽不如现代诗这样自由,但朗朗上口,字句简洁。我们常说:"熟读唐诗三百首,不会作诗也会吟。"长久的吟诵已成格式,即使不识诗眼、不解其意,甚至目不识丁,也可以"吟"一两首。

但是要想读好格律诗是很不容易的。由于格律诗的种种"限制",要朗读出丰富的情感、深邃的意境,有韵律而不单调,回环而不复沓,是需要我们认真研究、刻苦练习的。

# 第三节　其他文体的朗读

以上,我们对朗读中可能遇到的几种主要文体作品作了较详细的介绍。但广大教师、学生和朗读者可能还会经常遇到以下几种不同文体的作品,下面我们对这些作品的朗读也作一个简单的介绍。

## 1. 文言文的朗读

文言文是一种言简意赅的古代书面语言作品的统称,是中国优秀传统文化的瑰宝。那些优秀的文言文往往用精湛的文笔记录了中国历史上的重要人物及重要事件,表达出一种高尚的思想情操。至今读来,仍有相当强烈的感染力,仍有极为精妙的音韵美。

文言文朗读要比白话文朗读困难得多。它字少意深,音单义广,难以补足；它一词多义，句法简奥，难以把握；它语焉不详，难以晓畅；它词异声同，一字多音，难以准确；它文无定式，稍纵即逝，难以体味。

朗读者对文言文中的每一字、每一句，一定要理解得熟透、精到。除了熟透、精到的理解，还必须融入具体的感受，不能麻木不仁、毫无感情地去朗读。诚然，文言文是表古人的思想，达古人的意向，抒古人的情怀，发古人的感慨，但对任何作品而言，包括文言文在内，缺乏真情实感的朗读不仅违反朗读的创作规律，而且必然削弱有声语言表情达意、言志传神的功能，必然缩小文言文的认识意义，同时降低其美学价值。

文言文的朗读，不宜峰谷悬殊、缓急突变。从整体来看，应该是平稳的、舒缓的、从容的、深沉的。最关键的是要做到词语拓开，读而不说。

## 2. 文学名著节选的朗读

文学名著主要指小说，有情节，有人物，篇幅较长，需要多种技巧才能朗读好。朗读者的主要精力应该放在表现典型环境和典型性格上。

要想朗读好文学名著节选，朗读者一定要通读全篇，深刻地分析它，努力地理解它，具体地感受它。然后，充分认识和确切把握节选部分与全篇的关系——是全篇的哪个部分，居于什么位置，占有什么分量，体现了什么主题思想，具有什么样的独立性？主要人物的思想发展到什么阶段？起点如何，走向怎样，人物的性格特征揭示到什么程度，故事的情节下一步怎么发展？未来人物的命运是怎样的？等等。如果只局限在节选部分上，情节、人物的来龙去脉都搞不清楚，那是很难朗读好的。

在朗读文学名著(小说)节选时,最不容易表达的是小说中人物的语言。人物的语言,是显示人物性格特征的主要标志,每个人物都应该有自己的语言,人物的语言都是随着人物性格的形成、发展而变化的。朗读人物的语言,不可与叙述性、描写性语言混同。叙述性、描写性语言犹如朗读者自己的话,心理过程连贯,声音气息前后统一。而要朗读好人物的语言,朗读者就要根据作品对人物的介绍、描写,设计出人物的基本语气;朗读到这个人物的语言时,就以这基本语气为基础,进行这个人物特有的语气表达。

小说的朗读仍然要保持朗读的特点。朗读者不要去扮演小说中的人物,不要变成独角戏的演员。只需在自己的表达上更多地注意由这一人物的话到另一人物的话的转换,显示出不同人物的心理发展变化线,并不着重在"惟妙惟肖"上。这是朗读与表演的重要区别之一。

### 3. 寓言的朗读

在寓言的朗读中,必须坚持实事求是。是怎样的寓意,就朗读这样的寓意,切勿牵强附会,努力拔高。

从理解上说,朗读者要从寓言本身出发,精细地研究作品,在感受作品提供的形象体态中生发出与内容相关联、相一致的道理来。

从表达上说,朗读者也要从寓言的具体内容出发,在它所具有的一般意义上给予表达,不应该增加过多的、超越寓意的含义,更不应该加上自己的特定意向。

这里需要强调的是:首先,寓言中的形象体态只有在朗读者的脑海里活跃起来,才有可能表现出来;其次,那有声语言中必须饱含具体的形象感受;最后,在朗读时,声音的塑造必须多样化。

寓言的朗读是不能刻板的,也是不能说教的。如果不能以丰富的形象体态揭示寓意,寓言朗读的目的就没有完全达到。

最后需要强调的是,无论作品是哪一种文体,朗读时都必须遵循正确的创作道路,必须遵循朗读的基本理论,更不能违背朗读的基本规律。否则,对不同文体作品的朗读就会出现偏颇,脱离朗读的正确轨道,甚至在总体上失去朗读的特征。

**图书在版编目（CIP）数据**

跟我学朗读 / 王浩瑜著. —— 上海：上海教育出版社，2019.1

ISBN 978-7-5444-8894-5

Ⅰ. ①跟… Ⅱ. ①王… Ⅲ. ①朗诵—语言艺术 Ⅳ. ①H019

中国版本图书馆CIP数据核字(2018)第302574号

责任编辑　周琛溢
封面设计　陆　弦


**跟我学朗读**

王浩瑜　著

————————————————————————

出版发行　上海教育出版社有限公司
官　　网　www.seph.com.cn
地　　址　上海市永福路123号
邮　　编　200031
印　　刷　上海叶大印务发展有限公司
开　　本　890×1240　1/32　印张 7
字　　数　150 千字
版　　次　2019年1月第1版
印　　次　2019年1月第1次印刷
书　　号　ISBN 978-7-5444-8894-5/G·7371
定　　价　32.00 元

————————————————————————

如发现质量问题，读者可向本社调换　电话：021-64377165